Ayudando A Los Niños, Uno Por Uno

La Misión de un Defensor Epecial Designado por el Tribunal

CASA

Court Appointed Special Advocates

Defensores Especiales Designados por el Tribunal

para Los Niños

Ayudando A Los Niños, Uno Por Uno

La Misión de un Defensor Epecial
Designado por el Tribunal

CASA

Court Appointed Special Advocates

Defensores Especiales Designados por el Tribunal
para Los Niños

Escrito por Yolanda Bryant

Traducido por Antonio Hernández-Rolón y Georgina Ricks

Ayudando A Los Niños, Uno Por Uno

La Misión de un Defensor Epecial Designado por el Tribunal

978-1-946702-46-3

Los acontecimientos de este libro son reales pero los nombres se han cambiado para proteger la privacidad de aquellos involucrados. Las ganancias de la venta de este libro serán otorgadas a CASA.

Freeze Time Media

La ilustración de la portada fue realizada por Di Freeze, las fotografías de la cubierta son cortesía de CASA.

Este libro está dedicado a mi esposo, Michael, quien superó una infancia desdichada, y a nuestras cuatro hijas, Rhonda, Natalie, Laura y Leisha, quienes nos enseñaron la alegría de la familia, y a todos los niños involucrados con los Defensores especiales designados por el tribunal a quienes he tenido el honor de representar.

Agradecimientos

El compartir una parte de uno mismo, mientras intentas ayudar a los niños que están cerca de nosotros, es un viaje increíble de amor, lágrimas, alegría y, sobre todo, de esperanza. No podría haber hecho este viaje ni haber escrito este libro sin estas personas. Primero, le agradezco a mi esposo, Michael, su eterno amor y apoyo, y su ayuda constante con mis preguntas sobre la computadora. También les agradezco a mis hijas, Rhonda, Natalie, Laura y Leisha por darme tanta alegría en mi vida y por ser mis mayores admiradoras.

Quiero agradecer a Kelly Hewson y su familia por permitirme compartir su hermoso viaje para convertirse en una familia permanente. Si pudiera nombrar a los veinte niños ayudados por Court Appointed Special Advocates (Defensores especiales designados por el tribunal) (CASA, por sus siglas en inglés) a quienes he protegido, lo haría, pero la confidencialidad no me permite hacerlo. Deseo que cada uno de ellos sepa lo mucho que me importan y que cada uno siempre tendrá un lugar en mi corazón.

No estaría tan calificada ni sería tan dedicada como voluntaria sin el personal de Advocates for Children (Defensores para los niños). Nunca he trabajado con un grupo de personas más feliz y más dedicado que el de la oficina de los defensores. Un gran agradecimiento a los diecisiete voluntarios quienes contribuyeron con sus historias y sentimientos acerca de su voluntariado. El escuchar las experiencias de cada uno me conmovió y levantó mi espíritu. También le estoy agradecida a los miembros del departamento legal, quienes se tomaron el tiempo, a pesar de sus ocupadas agendas, para enviar comentarios acerca de los Defensores para los niños con quienes trabajaron.

Esta versión del libro en español nunca hubiera sido realizado sin la pericia de los traductores Georgina y Antonio. También quiero darle las gracias a mi yerno, Matthew Hill, quien generosamente ofreció su tiempo para algunas revisiones y correcciones, incluso tradujo un capítulo en un momento dado. Por último, el libro completo se convirtió en una realidad, con fotografías y demás, gracias a mi actual y extraordinaria editora, Di Freeze. Nuestras mentes parecieron sintonizarse en el mismo canal y por ello, tenemos un libro que ofrece un hermoso tributo al servicio desinteresado y a la dedicación de nuestros voluntarios quienes trabajan como Defensores para los niños.

Contenido

Prólogo

En 1977, un juez preocupado, David Soukup, volteó a ver la sala del juzgado llena de adultos incapaces de cuidar a sus niños y se preguntó, «Quién está aquí para el niño?» Ese fue el primer año que el número de niños bajo tutela del estado superó un poco más de medio millón. Se reunieron grupos de ciudadanos, gente de negocios y visionarios innovadores y dedicados. Lentamente nacieron los Defensores especiales designados por el tribunal, un movimiento que reúne a la comunidad para defender las vidas de los niños abusados y abandonados.

Como madre de seis hijos, mi vida tenía la bendición de las risas y el amor y el saber que mis niños crecerían en una casa con cariño y apoyo. Sin embargo, al ver a mi alrededor, encontré que algunos de los amigos de mis hijos y los niños en las escuelas de mis hijos, en nuestra iglesia y en nuestro vecindario no estaban tan felices. Las historias de abuso y abandono infantil me entristecían. Me uní a una organización llamada Junior League de Denver y escogí a los Defensores para los niños como mi colocación provisional por un año. Mi vida nunca ha vuelto a ser la misma desde mi primera reunión con los defensores.

Mis seis hermanos y hermanas, sus parejas, mis seis hijos y dieciocho nietos, así como el resto de mi familia han abrazado a los niños de nuestro mundo quienes, sin tener la culpa, han batallado por encontrar el cuidado, amor, familia y seguridad que todos los humanos tienen derecho a sentir.

Los voluntarios son sus vecinos, amigos, extraños, maestros, legisladores y las personas más generosas que he conocido.

Pueden tener poco dinero o muchísimo. Pueden tener trabajos directivos o ser padres que trabajan en casa. Puede haber sido un niño que apoyaron los defensores, hombres y mujeres, jóvenes y viejos, quienes hayan oído acerca del programa de los defensores y, uno por uno, hayan cambiado las vidas de los niños.

Después de treinta años de trabajar como voluntaria, he hecho amistad con tantas personas que quieren hacer una diferencia y quieren trabajar con los niños. A menudo les pregunto a nuestros voluntarios, «¿Qué los trajo a nuestra organización?» y la respuesta nunca es la misma. Lo que es lo mismo es la dedicación para ver un problema y querer ser la solución. Se les pide a los voluntarios que den un promedio de 18 meses a la vida de un niño quien ha sido abusado o abandonado. Aunque veo a muchos de los voluntarios convertirse en el salvavidas de un niño, un amigo constante y para toda la vida. Un niño quien primero los aceptó y confió en ellos de mala gana. Con el paso del tiempo, el niño que verían graduarse de preparatoria y el niño que ahora hace que sus hijos los llamen «abuelos».

Los voluntarios de los Defensores para los niños no empiezan sabiendo que su lugar en el corazón de un niño será la razón para que el niño tenga éxito. Ellos oyen historias horribles, secan sus lágrimas, los regañan por sacar malas calificaciones, les enseñan modales, enseñan tolerancia, insisten en que visiten a sus hermanos, les hacen fiestas de cumpleaños, los acompañan al tribunal y se aseguran de que todos los profesionales escuchen la voz del niño y conozcan sus miedos y éxitos. El voluntario le enseña al niño cómo atravesar las barras trepadoras y escribir sus nombres. El voluntario de los Defensores para los niños inventa historias divertidas, y al final está feliz y satisfecho, y el niño sonríe...

Peggy Rudden,
Directora Ejecutiva, Defensores para los niños, CASA

Anexo a la edición en español

En Estados Unidos de América, los niños que no pueden vivir con sus familias por cualquier razón son colocados en *foster care* (bajo tutela del estado). El hogar adoptivo es un servicio temporal proporcionado por cada estado para estos niños. En los hogares adoptivos, los niños pueden vivir con parientes o con padres adoptivos sin un lazo familiar. Los hogares adoptivos también se refieren a instalaciones tales como residencias, refugios de emergencia y viviendas independientes supervisadas.

Advocates for Children (Defensores para los niños) también conocidos como *Court Appointed Special Advocates*, *CASA*, por sus siglas en inglés (Defensores especiales designados por el tribunal) surgieron para ser la voz de estos niños, expresar lo que necesitan y desean en una sala repleta de profesionales legales. Los defensores representan y defienden a estos niños ya que no pueden hacerlo ellos mismos.

Por ejemplo, los reportes que el juez recibe del tutor *ad litem* y la trabajadora social son minuciosos pero no contienen fotografías. Los informes de los Defensores para los niños, con imágenes, hacen que el niño sea "real" para los jueces.

En dicha asociación participan voluntarios de la comunidad quienes realizan un entrenamiento provisto por el estado o por la oficina local de Defensores para los niños.

Introducción

Mi nombre es Yolanda Bryant. He sido voluntaria trabajando para los Defensores para los niños por ocho años. Varios amigos me han preguntado qué es lo que hago exactamente. Cuando expliqué mi trabajo, algunos de ellos mostraron interés. Le presté un libro escrito por un defensor a una amiga que quería saber más. Pensé que la haría entusiasmarse a ayudar a los niños. En vez de eso, la ahuyentó. El tono del libro la hizo sentir que tendría que ser un «súper héroe» para realizar este tipo de trabajo voluntario.

En aquel momento decidí que una persona normal, inclusive una abuela, debía escribir sus experiencias y mostrar que el ingrediente principal necesario para este trabajo era el amor por los niños. Decidí escribir acerca de las lecciones aprendidas por un grupo de voluntarios. Para concluir el libro, incluí algunos comentarios de asistentes sociales y abogados quienes trabajan con los defensores día a día. Disfruté al escuchar las historias de los otros voluntarios y darme cuenta una vez más del impacto que una persona puede tener en la vida de un niño.

Mi objetivo primordial al compartir estas historias es inspirar a otros a unirse a la asociación de Defensores para los niños como voluntarios. Creo firmemente en esta organización, tanto, que he decidido donar las ganancias de este libro a mi programa local de defensores.

Ayudando a los niños, uno por uno

La historia de Kelly

Abril 2007

Ella solo tenía tres años. Llamaron para contarme sobre ella mientras conducía por las Montañas Rocosas hacia Utah.

«Yolanda, tenemos una situación urgente. La pequeña Kelly ha estado llorando constantemente desde que se la llevaron de su casa. ¿Crees que nos podrías ayudar con este caso?»

«Sí, claro que sí. Estaré de vuelta dentro de cuatro días. La iré a ver tan pronto como vuelva.»

El lunes por la mañana, con mi mapa de Yahoo, me dirigí al hogar adoptivo para conocer a Kelly. Toqué en la puerta de una casa de dos pisos. El nuevo fraccionamiento tenía pocos árboles o arbustos maduros. Me recordaba a los amplios campos de trigo de Kansas. Prefería por mucho los pinos y follaje en los vecindarios más cercanos a las montañas. El jardín enfrente tenía algo de pasto pero era parduzco y tenía manchas en varias partes. Una regadera pequeña y circular conectada a una manguera hacía un gran esfuerzo para regar un rinconcito del jardín.

Mientras esperaba a que alguien me abriera la puerta, observé que los dos paneles de cristal a ambos lados de la puerta estaban tapados con algún material oscuro. Me preguntaba porqué alguien decidiría impedir la entrada de luz en su casa. Antes que pudiera meditar más sobre esta incógnita, se abrió la puerta y apareció una mujer afroamericana de aspecto agradable y con una sonrisa. Rondaba los sesenta años, tenía el cabello corto y llevaba lentes oscuros y pequeños; medía como 1.70 m, lo imaginé porque las dos tenemos más o menos la misma altura.

Al evaluar quién era esta madre adoptiva, estoy segura de que ella me observaba con la misma mirada escudriñadora. A mis 47 años, me consideraba a mí misma "la vecina de al lado" de todo mundo. Con cabello castaño claro que me llegaba a los hombros, ojos verdes, unas libras de más y una sonrisa grande, tenía una fisionomía que atraía a la gente. Si un desconocido necesitaba que le indicaran cómo llegar a alguna parte, sin duda me lo preguntaría.

«¿Es usted Alberta Burns?»

«Sí, soy yo.»

«Soy Yolanda Bryant. Hablamos ayer por teléfono. Soy la voluntaria designada de los Defensores para los niños para Kelly Dumas[1]. Aquí está una copia de la orden judicial.»

«Pase. Tengo aquí a Kelly lista para conocerla.»

Al entrar en la sala semioscura, me dio gusto ver que más luz se filtraba desde unas ventanas al fondo del hogar. Cuatro niños pequeños me rodearon, viéndome con curiosidad en los ojos, pero ninguno pronunciaba palabra hasta que Alberta les dio permiso.

«Vayan por sus libros para colorear. La Señora Bryant está aquí para ver a Kelly.»

«Ok, Señora Alberta», dijo un niño que parecía tener cuatro

1 Nota del traductor: En Estados Unidos de América, *Court Appointed Special Advocates* (Defensores especiales designados por el tribunal) (CASA, por sus siglas en inglés) es una asociación nacional que apoya y promueve a los defensores designados por el tribunal para los niños que han sufrido abuso o abandono. La asociación también es conocida como *Advocates for Children* (Defensores para los niños). Los Defensores para los niños son voluntarios de la comunidad quienes realizan un entrenamiento provisto por el estado o por la oficina local de los defensores. En el libro se usará indistintamente el término defensor y voluntario para simplificar la lectura.

o cinco años. Su piel morena y cabello oscuro dejaba lucir su ascendencia hispana. Sus ojos color café brillaban al sonreírme cuando salió corriendo a buscar su libro para colorear.

Dos diminutas niñas negras lentamente se dieron vuelta y salieron del cuarto. Su rostro sin expresión me hizo pensar en qué estarían pensando. Por fin, Kelly se me acercaba lentamente.

«Hola. Soy Kelly», me dijo con timidez.

Miré sus grandes ojos azules y vi a una niña confundida pero curiosa. Era alta para su edad. Su cabello rubio y ojos azules contrastaban marcadamente con los otros niños del hogar.

Después de saludarme, Kelly se dio vuelta y corrió rápidamente a buscar su libro para colorear, dándome tiempo de conversar un par de minutos con Alberta.

«No sé si usted sabe lo que hacemos como voluntarios de los Defensores para los niños. El folletito que le di con una copia de la orden judicial explica con más detalle nuestras responsabilidades. Básicamente, el tribunal me ha pedido que visite a Kelly al menos una vez por semana. Hoy la visitaré aquí, pero normalmente me voy a llevar a Kelly por lo menos por un par de horas, y tal vez más tiempo, dependiendo de la actividad que tenga planificada para cada visita. Trataré de adaptarme a su horario también Alberta, pues sé que tiene muchas citas de las que tiene que estar pendiente, ya que tiene cuatro niños adoptados.»

«Eso sí que es verdad. Algunos días vamos al dentista, otros al doctor. Algunas veces tenemos citas con el oculista. Además, todas las semanas hemos arreglado visitas a través de los Servicios Sociales[2] para que cada uno de estos muchachos vean a su papá o a su mamá. Antes tenía mi propia guardería,

---

2 *Department of Social Services* o *Social Services* (Departamento de Servicios Sociales o Servicios Sociales) en Estados Unidos de América es la institución encargada de supervisar a los padres adoptivos, los hogares adoptivos y a los niños que han sido colocados bajo la custodia del estado.

entonces sé cómo organizarme, pero hay días en los que hay demasiadas citas, ¡hasta para mí! Por eso mi hija de 23 años, Tanisha, me ayuda con estos niños.

«¡Tanisha, ven a conocer a la Señora Bryant!», gritó hacia la cocina.

Una joven con sobrepeso llevando un delantal por arriba de sus vaqueros y playera apareció en la sala y dijo rápidamente, «Hola, señora.»

Le sonreí y saludé antes de que Tanisha volviera a lo que estaba preparando en la cocina. Justo cuando me volví para seguir conversando con Alberta, los cuatro niños aparecieron en la puerta, cada uno llevando su libro para colorear en la mano. La mayor tenía una caja de crayones. Alberta me los presentaba.

«Esta es la hermana mayor, Sheena. Tiene siete años.»

Sheena se me quedó viendo con ojos fríos y oscuros, sin decir palabra.

«Su hermana es Misha. Tiene cinco años.»

Misha sonrió y saludó levemente con la cabeza.

«Ramon es nuestro único varón. Tiene cuatro años. Y a Kelly ya la conoció.»

Los cuatro niños se arrodillaron alrededor de una mesa baja y comenzaron a colorear. Me coloqué en el suelo entre Kelly y Ramon y saqué un libro para colorear de la bolsita que siempre llevaba conmigo cuando hacía una visita para los Defensores para los niños. Ese día mis herramientas incluían varios libros para colorear, crayones, lápices de color, papel en blanco y lápices, unas figuritas de goma de *Gumby y Pokey*[3] y varios libros orientados al nivel preescolar.

Desde un principio era evidente que a Ramon le encantaba la atención. Hablaba sin parar y quería enseñarme cada

---

3 Nota del traductor: Figurillas de goma de una serie animada, *Gumby* era un humanoide y *Pokey* era un caballo rojo.

página que iba coloreando. Después de unos diez minutos de esta actividad decidí que necesitaría otro plan para poder pasar tiempo a solas con Kelly. Mi supervisora me había dicho que Kelly continuaba llorando, especialmente en la noche, y quería que ella supiera cuanto antes que yo era su nueva amiga y estaría con ella el tiempo que me necesitase.

«Alberta, creo que Kelly y yo vamos a dar un paseo por el vecindario.»

«Kelly, ¿eso te gustaría?» le pregunté suavemente.

«Sí», respondió Kelly, y cerró su libro para colorear, se puso de pie de un salto y abrazó a Alberta. «Ahora regreso, Señora Alberta. Te quiero.»

Me sorprendió la expresión de amor de Kelly. ¿Era normal haber formado tanto apego dentro de unas pocas semanas? Me iba a sorprender de nuevo después de que Kelly y yo salimos de su hogar y comenzamos a charlar.

Al caminar, le hablaba de lo que veíamos a nuestro alrededor—pájaros, hogares, los conejos. Quería hacerla sentir a gusto. Pronto comenzó a conversar y descubrí que tenía un vocabulario bastante extenso.

«¿Te gustan los conejitos?»

«Sí. Son peludos y corren rápido. ¿Sabes dónde están mi mamá y mi papá?»

«No lo sé, Kelly, lo siento.»

«Llegaron unas personas y me sacaron de mi hogar. Lloraba y lloraba. Tuve que ver a un doctor. El doctor me dio un animal de peluche para que me sintiera mejor, pero no me ayudó.»

Las palabras de Kelly me tumbaron. Esta niña de tres años parecía tener una mejor comprensión de sus sentimientos que muchos niños de mayor edad. Me provocó una gran compasión hacia ella.

«Sé que echas de menos a tus padres. Las personas que te sacaron de tu hogar van a programar unas visitas para que los veas.»

«Quiero verlos pronto.»

«Ya lo sé. Voy a tratar de que suceda. También te voy a visitar todas las semanas Kelly. Estaba pensando que para la próxima vez que venga haremos un picnic e iremos al parque. ¿Te gustaría eso?»

«¡Sí ¿Podemos jugar en los columpios?»

«Seguro que sí. Me aseguraré de que el parque tenga columpios.»

Kelly y yo pasamos los siguientes minutos charlando de los parques y lo que nos gustaba hacer en ellos. Muy pronto, ya era hora de volver con Alberta y despedirnos por el momento. Parte de mí quería tomar a Kelly en mis brazos y llevarla conmigo. Con esta breve visita habíamos establecido una relación de confianza, y sabía que esta hermosa niña me miraría buscando apoyo y orientación. Conduciendo de regreso a casa aquel día, repasaba mentalmente cómo comencé con los Defensores para los niños.

Agosto 2006

Mi hija y yo llegamos a las residencias de los alumnos de primer año de la universidad en nuestra camioneta Plymouth Grand Voyager de 1998. El vehículo estaba lleno hasta el tope con todas las cajas y maletas que una joven de dieciocho años tiene la certeza que va a necesitar para su vida fuera del hogar familiar.

«Mamá, puedes estacionarte aquí. Quiero estar cerca de la puerta principal para desempacar.»

Leisha era la última de mis hijas en dejar el hogar. Con su largo cabello entre castaño y rubio, y sus ojos azules brillantes, era una muchacha bonita con una sonrisa encantadora. De alguna forma ella había logrado ser la última de las hijas sin que esto infundiera en ella la idea de ser la "bebé" de la familia. Era una joven capaz, preparada para enfrentar y conocer la vida.

Después de ayudarla a desempacar y darle un último abrazo de despedida, di vuelta a la camioneta y me dirigí lentamente a la salida del estacionamiento de las residencias. Pensé, «Caray, todas mis hijas se han ido. No puedo creer lo rápido que ha pasado el tiempo.»

Como para reforzar ese sentimiento, en la radio del coche tocaron la canción "*Then They Do*" de Trace Adkins. Fue la primera vez que escuchaba la letra. Cuando cantó "Ahora la más joven comienza la universidad", se me salieron las lágrimas al pensar en volver a una casa vacía después de criar a cuatro hijas activas.

Durante el viaje de ocho horas, tuve tiempo de meditar sobre el siguiente paso en mi vida. De la nada, me acordé de una llamada que recibí de mi madre hace siete años.

Mi mamá había vuelto a su estado natal de Texas, y aunque llevaba 20 años sin vivir allí, su acento original aparecía de nuevo en su forma de hablar.

«Yolanda, ¿cómo te va?» me preguntó, su voz llena de ilusión.

«Bien, mamá. Las muchachas acaban de volver a clases y se siente bien tener un poco de paz y tranquilidad en la casa. ¿Cómo estás tú?»

«De maravilla. Quiero que trates de adivinar lo que he estado haciendo últimamente.»

No se me ocurría absolutamente nada, «No tengo idea, mamá.»

«He estado capacitándome para ser una defensora especial para los niños con los Defensores para los niños, y simplemente me encanta este programa. ¿Has oído hablar de él?»

«No, nada. ¿De qué se trata?»

«Bueno, los Defensores especiales designados por el tribunal trabajan con niños que separaron de sus familias debido a abuso o negligencia. Cuando los Servicios Sociales los pone como custodios del tribunal, asignan a un defensor para representar al niño o niños.»

«¡Suena fenomenal!»

Mi mamá pasó los siguientes veinte minutos contándome sobre su capacitación y lo entusiasmada que estaba por ayudar a los niños de esta forma. Estuve de acuerdo en que sonaba como una organización estupenda.

Mi madre se mudó de Texas poco después de terminar su capacitación con los Defensores para los niños y nunca llegó a participar en el programa. Poco me imaginé que esta conversación en 1999 se quedaría conmigo y que surgiría de nuevo justo cuando dejaba a mi última hija en la universidad. Reflexioné sobre esta conversación durante las semanas siguientes, especialmente cuando caminaba por mi hogar vacío y pensaba, «Sí me gusta la paz y tranquilidad, pero echo de menos la interacción diaria con mis hijas y sus amigos.»

Al mes siguiente, en septiembre, estaba leyendo el periódico local cuando vi un anuncio pequeño al pie de la página, de sólo nueve líneas, sin embargo, había información sobre la organización de los Defensores para los niños, se solicitaban voluntarios para intervenir en la vida de niños abusados y abandonados, con un número de teléfono y una página web para obtener más información.

¡Esta fue la organización de la que me había hablado mi mamá hace siete años! No había vuelto a oír más sobre ella desde esa conversación. Corrían por mi mente varias ideas sobre este trabajo. Yo amaba a los niños. Tenía tanto el tiempo como el deseo de extender una mano a los desafortunados. Ese mismo día marqué el número en el anuncio y me contestó una voz agradable.

«Defensores de los niños, habla Justine. ¿En qué le puedo servir?»

«Vi su anuncio sobre una capacitación en próximos días y me interesa este voluntariado.»

«¡Excelente! Permítame conectarle con Paige. Ella se encarga de las entrevistas con los nuevos voluntarios.»

En pocos segundos me comunicaron con Paige.

«¿Cómo se enteró de nuestra organización?»

«Mi madre se capacitó con los Defensores para los niños en Texas hace varios años. Se mudó de repente sin llegar a poder ayudar a ningún niño, pero me contó todo sobre su programa. Recuerdo haber pensado que sería una organización maravillosa en donde trabajar como voluntaria cuando crecieran mis hijas. Mi última hija se fue a la universidad hace algunas semanas. Vi su anuncio en nuestro periódico local esta mañana.»

«Parece que ya sabe algo de nosotros. Me encantaría conocerla y hacerle una breve entrevista. ¿Cuándo puede venir?»

«Puedo mañana o el miércoles.»

«Perfecto. Nuestra próxima capacitación comienza en dos semanas, por lo que tenemos que entrevistarla tan pronto como sea posible. También haremos una revisión de sus antecedentes legales y eso puede llevarse algo de tiempo. ¿Qué tal mañana a las tres de la tarde?»

«Me viene bien.»

«Tiene usted nuestra dirección, ¿verdad?»

«Sí la tengo. Y usaré un mapa de Yahoo para asegurarme de que no me pierda.»

«Está bien.»

Al colgar el teléfono, comencé a sentir mucho entusiasmo por lo que podría implicar este trabajo. Criar a cuatro hijas me había dado mucha experiencia con los niños y un gran amor por el bienestar de los jóvenes.

Al día siguiente fui a las oficinas de los Defensores para los niños. El edificio estaba ubicado en una pequeña calle que salía de una avenida principal muy transitada. El predio gris tenía forma de un cubo perfecto, con doce escalones anchos en el lado sureste que conducían a la puerta principal. El logo color rojo vivo de los Defensores para los niños adornaba la fachada del sencillo edificio. Al entrar observé que el despacho era ordenado y limpio, pero poco amueblado. En los siguientes meses, llegaría a aprender que esta organización estaba comprometida con usar la mayoría de sus fondos para beneficiar directamente a los niños.

Justine me recibió en el mostrador. Reconocí su voz alegre como la misma que había contestado mi llamada inicial. Inmediatamente me hizo sentir a gusto con su cálido saludo.

«Bienvenida a nuestra oficina de los Defensores para los niños. Usted ha de ser Yolanda. Paige la está esperando. Si fuera tan amable de llevar este cuestionario hasta ese primer salón y completarlo, Paige estará con usted en unos minutos.»

Después de escribir los datos típicos tales como nombre, dirección, educación, profesión, nombres de los integrantes de la familia y "cómo se enteró de nuestra organización?", comencé a escribir más detenidamente a medida que las preguntas se hacían más profundas y me obligaban a hacer una pausa y meditarlas antes de responder. Las preguntas incluían:

¿Ha sabido de algún incidente de abuso o abandono hacia un niño?

No personalmente.

¿En algún momento ha trabajado con niños abusados o abandonados? ¿Con familias que han abusado de ellos?

Algunas veces a través de mis labores como coordinadora de una organización de socorro dentro de mi iglesia.

¿Alguna vez ha sido víctima de abuso físico, sexual o emocional, o de violencia doméstica?

Aunque yo no tengo experiencia directa con el abuso en mi propia vida, a través de las organizaciones de servicio de nuestra iglesia he trabajado con varias familias que lidiaban con estos problemas. Mi marido también fue víctima de abuso en su niñez y por eso he llegado a estar muy consciente de las necesidades de los niños que viven en familias disfuncionales.

Si usted ha sido víctima de abuso, favor de indicar cómo

superó esta(s) experiencia(s), incluyendo el período de tiempo que pasó con un o una terapeuta, cuándo tomó lugar la terapia y si actualmente está recibiendo terapia.

N/A

Describa su carácter y cómo se lleva con otros.

A lo largo de los años, he tenido varias oportunidades de estar encargada de grupos de personas. También he ayudado a otros estando en posiciones de liderazgo. Me gusta decir que "Puedo ser un buen comandante o un buen soldado." Mi carácter es optimista y creo en dar a los demás el beneficio de la duda.

Cuando entró Paige, vi a una señorita alta, esbelta, rondando los 25 años. Vestía elegantemente y me saludó cordialmente con una sonrisa y un apretón de manos.

«Veo que usted ha terminado nuestro largo cuestionario.»

«Sí. Las preguntas me hicieron pensar realmente.»

«Es necesario hacer preguntas profundas porque este tipo de trabajo voluntario puede ser intenso e involucrar diferentes tipos de niños y familias. Nuestros voluntarios tienen que poseer un fuerte deseo de ayudar y no tener miedo a los conflictos.»

«Suena lógico.»

«En el teléfono mencionó brevemente cómo se enteró de los Defensores para los niños. ¿Me podría contar más al respecto?»

Al comenzar con la historia de mi madre y después encontrar el pequeño anuncio en nuestro periódico local, pude observar que Paige estaba escuchando atentamente y de verdad quería saber qué tipo de voluntaria sería yo.

Después de que Paige me relató una versión breve de la historia y objetivos de los Defensores para los niños, procedió a hacerme unas preguntas.

«¿Qué fue lo que le llamó la atención de los Defensores para los niños?»

«Quiero tener la oportunidad de ayudar a los niños.»

«¿Cuáles aspectos de ser una voluntaria de los Defensores para los niños le interesan más?»

Ya había pensado en esto, entonces mi respuesta fue más detallada.

«La idea de que puedo ser una amiga y defensora de un niño hasta que su vida se arregle me parece que sería muy gratificante. Otra razón menos importante es que me interesa mucho aprender cómo funciona el sistema de los tribunales para los niños y las familias. Hubo un momento cuando era joven en el que pensé estudiar derecho.»

«Definitivamente aprenderá mucho sobre nuestro sistema judicial haciendo este trabajo», continuaba diciendo Paige. «Ya que esta oportunidad de ser voluntario implica trabajar con niños y sus relaciones algunas veces delicadas con sus familias, ¿se siente cómoda compartiendo conmigo una breve descripción de su niñez y la relación con su familia?»

Comencé a relatarle una breve historia de mi niñez.

«Me crié en el sur de California con una hermana que tenía tres años menos que yo. Cuando ella tenía seis años y medio contrajo cáncer. Murió a los ocho años. Esta tragedia devastó el matrimonio de mis padres. Sin embargo, estaban decididos a que su única hija viva no se quedaría sin alguno de sus padres. Aunque su matrimonio prácticamente se desintegró después de la muerte de mi hermana, mis padres no se divorciaron hasta que cumplí 21 años. Desde los once años fui hija única. Mis padres me amaban y apoyaban incondicionalmente. Juré que un día yo tendría una familia, ojalá con muchos hijos, para que mi hogar siempre estuviera lleno de bullicio, diversión y actividad. No me gustaba vivir en una casa tan callada después de perder a mi hermana.»

«Veo en el cuestionario que usted completó que pudo hacer realidad ese sueño de tener una casa divertida y bulliciosa. Me imagino que con cuatro hijas no faltaba alboroto.»

«En serio», me reí.

Pronto volvió al tema.

«Nuestros casos típicamente comprenden uno o más de los siguientes problemas. Hacemos esta pregunta a todos nuestros voluntarios, no para disuadirle ni impedir que trabaje con nosotros, sino para determinar qué tipo de caso sería mejor para usted.»

Paige me mostró una lista con estos seis problemas y me preguntó, «¿Sería tan amable de decirnos un poco sobre su nivel de experiencia personal con estos problemas?»

Abuso físico
Abuso sexual
Violencia doméstica
Abuso de alcohol
Abuso de drogas
Enfermedad mental

«A ver», dije, pensando por un momento. «En las primeras cuatro categorías, mi única experiencia es lo que he oído decir a mi marido. Él y yo hemos leído y revisado muchos libros de autoayuda para aprender a enfrentar estos problemas y entender cómo hacer de la vida lo que queremos que sea, a pesar de su dura infancia.»

«Respecto al abuso de drogas, no tengo ninguna experiencia previa, a menos que cuentes el ver a mi madre hacerse adicta al Valium tratando de manejar la pérdida de su hija. Respecto a la enfermedad mental, ayudé a varias mujeres de mi iglesia cuando sufrieron crisis nerviosas.»

«Yo diría que usted ha tenido cierta experiencia significativa, Yolanda. ¿Se sentiría cómoda aceptando un caso donde aparecen uno o más de estos problemas?»

«Sí, creo que podría manejar estos problemas.»

«Otra cosa a considerar es que nuestros casos tratan con

personas de todos los niveles y situaciones. ¿Hay alguna cultura, etnia u orientación sexual con los que preferiría no trabajar?»

«No», respondí rápidamente.

Paige sonrió.

«Sólo tenemos algunas preguntas más. ¿Alguna vez usted o un miembro de su familia ha estado involucrado en un caso con el Departamento de Salud y Servicios Humanos?»[4]

«Lo estuvo mi esposo cuando niño.»

«¿Tiene usted una opinión particular sobre el HHS?»

«No particularmente. No tengo mucho conocimiento sobre la institución», contesté sinceramente.

«No es un problema Yolanda. Vas a aprender todo durante la capacitación y cuando comiences tu primer caso.»

Las últimas preguntas de Paige trataban sobre mi disponibilidad para realizar treinta horas de capacitación, y cuando tuviera yo un caso, si iba a poder dar al menos diez horas por mes y encargarme de un caso hasta que se cerrara, lo cual, por lo regular, tomaba de doce a dieciocho meses. Respondí afirmativamente a todas estas interrogantes.

Al final de la entrevista, como todavía expresaba un fuerte deseo de ser voluntaria, Paige compartió conmigo las normas y expectativas de los Defensores para los niños. Me pidió algunas cosas, tales como mi licencia de conducir, una copia de mi seguro de auto actual, un cheque de treinta dólares para cubrir los gastos de la revisión de antecedentes legales y una declaración de compromiso firmada. La revisión de antecedentes está estipulada por ley, Paige me aclaró que tomaría unas dos semanas.

Me fue bien en esta parte de la entrevista en persona. Paige era una entrevistadora alegre y más que nada quería

---

4 Nota del traductor: *Department of Health and Human Services* (Departamento de Salud y Servicios Humanos) (*HHS*, por sus siglas en inglés) es una institución que ayuda a las familias en Estados Unidos de América.

comprender mis motivos para considerar este tipo de trabajo voluntario. Yo sabía que quería la oportunidad de ayudar a los niños a tener la seguridad y calidez que merecen mientras lidian con dificultades familiares que no son su culpa ni mucho menos su responsabilidad. Pensé en mi esposo durante la entrevista. Sabía que su niñez habría sido más segura y estable si hubiese tenido un amigo y defensor, como por ejemplo un voluntario de los Defensores para los niños.

«Puedo ver que tienes la motivación correcta Yolanda. Nos encantaría que vinieras a nuestro próximo entrenamiento en octubre. Tu revisión de antecedentes debe estar lista para entonces y estarás lista para empezar. ¿Qué te parece?»

«¡Perfecto!»

Cuando le sonreí a Paige y me preparé para salir, miré alrededor del cuarto pequeño y vi varias cajas de juguetes y libros.

Paige parecía leer mi mente.

«Este es uno de los dos cuartos que usamos cuando uno de nuestros voluntarios quiere traer niños a un lugar donde puedan jugar y descansar. Estos cuartos se usan más en el invierno, cuando hace demasiado frío para ir al parque o jugar afuera.»

Mientras Paige lo explicaba, noté una cocina para niños, una silla alta y algunos animales de peluche muy grandes, además de las cajas que vi antes.

«Esta área también se usa para los padres que tienen permiso para visitas supervisadas en otros lugares fuera del HHS. De esta manera tú, como voluntaria, puedes reunir a toda la familia y estar en un ambiente seguro y controlado.»

«Estas áreas parecen ser un buen recurso», comenté.

Sin entrenamiento ni experiencia alguna como voluntaria, me pregunté qué tan difícil sería el reunir a una familia para una visita. Tendría la respuesta a esta pregunta en pocos meses. Poco sabía entonces que traería a Kelly aquí a leer libros, hacer rompecabezas y jugar a la casita.

Abril 2007

Programé una cita con Alberta para ver a Kelly tres días después de nuestra primera visita, ya que sabía que había estado llorando diario y no había visto a nadie de su familia desde que llegó al hogar adoptivo. Mientras manejaba, repetí en mi mente las cosas que me había contado Amber, la trabajadora social, cuando intercambiamos correos electrónicos la semana anterior:

«Encontraron a Kelly y su padre en el Motel Super 8. Kelly no tenía ropa y su pelo estaba lleno de piojos. Casi no había comida en el cuarto. Después de examinar a Kelly, se determinó que no había sufrido abuso sexual pero estaba definitivamente descuidada en las áreas de alimentación y vestido. Su padre estaba desempleado. Había una orden de detención contra su madre por una estafa a adultos mayores. Llevaba a Kelly con ella a tocar las puertas de los ancianos y les pedía dinero. Al tener un niño con ella, las súplicas parecían más genuinas. Aún no se ha encontrado a la madre.»

Con la esperanza de que Kelly no tuviera que estar bajo tutela del estado por mucho tiempo, les mandé correos electrónicos a la trabajadora social y a la tutora *ad litem* (GAL, por sus siglas en inglés) y les pregunté si habían algunos familiares que fueran capaces de cuidarla. El GAL es el abogado que representa al niño en el tribunal. En este caso, la GAL con quien trabajaría era Laura. Ella y Amber eran muy buenas compartiendo información y respondiendo rápidamente a mis correos electrónicos. Esta vez Laura contestó lo siguiente:

«Hay una tía en la ciudad, así como los abuelos maternos. Empezamos a revisar los antecedentes de estos familiares pero hasta ahora no parece una buena idea. La tía parece tener una discapacidad de aprendizaje y los abuelos tienen antecedentes criminales.»

Pensé en esta dulce niña sin un familiar cercano que pudiera considerarse seguro. Ello me hizo sentir más determinada que nunca a ser no solo la defensora de Kelly sino también su amiga, alguien en quien pudiese confiar en todo momento.

Para esta visita llevé un asiento para niños y una bolsa con un picnic, algunos cuentos infantiles para leer y unos libros para colorear. Si nos cansábamos de los columpios, le podría leer a Kelly o podríamos colorear juntas.

«Hola Alberta. ¿Cómo están todos el día de hoy?»

«Ah, ya sabes, citas aquí, citas allá. Tengo que llevar a Ramón al dentista a la 1. ¿A qué hora dijiste que traerías a Kelly de regreso esta tarde?»

«Estaba planeando traerla a las 3 en punto. ¿Va bien con tu itinerario?»

«¿Qué te parece 3:30, así puedo recoger a las niñas de la escuela a las 3:10 y estar de regreso cuando llegues?»

«Está bien. Te veremos aquí a las 3:30.»

Kelly se asomaba por detrás de Alberta mientras la conversación tuvo lugar. Estaba vestida con pantalones cortos rosa chillón y una playera amarilla y rosa brillante. Sus sandalias blancas se veían nuevas. Su pelo estaba húmedo y parecía un poco pegajoso.

«He tratado de ocuparme del cabello de Kelly cada día desde que llegó aquí», explicó Alberta. «Me dijeron en Servicios sociales que usara este champú y enjuague en particular para eliminar los piojos. También le corté el pelo bien corto, espero que ayude. Acabo de terminar con su enjuague, así que estará húmedo por un ratito. No puedo usar una secadora con este tratamiento.»

Kelly volteó a verme desconcertada. Parecía apenada por esta conversación. Le sonreí ampliamente.

«¿Estás lista para ir al parque, Kelly?»

«¡Ah, sí!»

Kelly saltó desde atrás de Alberta y tomó mi mano. Me asombró lo fácil que confió en mí.

Mientras caminamos agarradas de la mano hacia el carro, le expliqué a Kelly nuestro plan para la tarde.

«Empaqué un picnic para nosotras. Pensé en ir al parque del lado del agua. Tienen columpios y resbaladillas allí, quizás haya algunos patos. ¿Qué te parece la idea?»

«Suena bien. Ya me está dando hambre.»

Mientras puse a Kelly en el asiento para niños, le pregunté qué había desayunado.

«Ah, comí algo de jugo y cereal. Pero siempre tengo hambre.»

Pensé en el sucio cuarto del motel que había sido el "hogar" de Kelly. Tres comidas al día podrían haber sido un lujo desconocido para ella en sus primeros años de vida.

«¿Quieres comer unas rebanadas de manzana mientras llegamos al parque?»

«Sí, por favor», dijo Kelly mientras se carcajeó.

Saqué una bolsa con rebanadas de manzana y una pequeña botella de agua que coloqué a los lados del asiento de Kelly ya que tenía un soporte para vasos y una sección extra para refrigerios. Este tipo de asiento para niños probó ser de gran valor para transportar a varios niños involucrados con los Defensores para los niños en los próximos años.

El camino al parque estatal solo tomó cerca de 20 minutos. Durante ese tiempo Kelly masticó sus manzanas y jugamos una versión simplificada del juego "Yo espío".

«Yo espío un camión amarillo, Kelly. ¿Ves alguno?»

«¡Sí, sí, justo allí!»

«Ahora yo espío un carro rojo. ¿Ves alguno?»

Kelly señaló ansiosamente un carro rojo cercano a su ventana. Seguimos con este juego hasta que llegamos al parque. Nuestra primera actividad al encontrar una banca debajo de un árbol fue comer nuestro almuerzo. Kelly comió tan rápido que pensé que podría sentirse mal. Sugerí algo antes de las galletas.

«Vamos a guardar estas para después. Creo que nuestros estómagos necesitan reposar después de toda esta comida.»

«Okey. ¿Podemos ir a los columpios ahora?»

Pasamos más de una hora entre los columpios y las

resbaladillas. Kelly sonrió y sonrió, siempre lista para ir más y más alto cuando estaba en los columpios. Hicimos una pausa para buscar a los patos. Había guardado algunos pedazos de pan para alimentarlos pero a Kelly le daba miedo acercarse mucho así que los observamos desde cierta distancia. Este era su espacio para sentir afecto, sentirse segura, sana y salva. Si los patos le daban miedo, entonces los evitaríamos. De regreso en nuestra banca, nos comimos las galletas y le leí a Kelly en voz alta.

Esa mañana, justo antes de salir hacia casa de Alberta, Amber me informó que habían programado una visita para que Kelly viera a sus abuelos el viernes en el Departamento de Salud y Servicios Humanos. Por lo tanto, tenía una respuesta lista para cuando Kelly me hiciera la pregunta importante.

«¿Sabes cuándo voy a ver a mi mami y mi papi?»

«No estoy segura de cuándo verás a tu mami y tu papi pero sé que mañana vas a ir a ver a tus abuelitos. ¿Qué te parece eso?»

«¡Yupiiiiiii! Quiero mucho a mis abuelitos. ¿Crees que Mindy estará allí también?»

Me enteré de que la tía de Kelly tiene una niña casi de su edad que se llama Mindy. No me dijeron si la tía estaría en la visita familiar pero eso no quiere decir que no pudiera suceder. Cualquier familiar puede tener una visita en el departamento ya que se usa un sistema de televisión de circuito cerrado para vigilar las visitas.

«Creo que es posible que Mindy esté allí también.»

Esperaba que mi presentimiento fuera correcto, ya que la cara de Kelly se iluminó al pensar que vería no solo a sus abuelos sino también a su prima.

Cuando salimos del parque ese día, estaba resuelta a estudiar el problema de piojos de Kelly para ver si había algo en lo que pudiera ayudar. Kelly me dijo en el transcurso de la tarde que cuando la Srita. Alberta le lava el pelo, los otros niños le dicen que es fea.

«Pero sabes que eso no es cierto, ¿verdad Kelly? Eres una joven y linda dama.»

«Bueno, Sheena siempre me dice, "Tú *es* fea, Kelly".»

«Eso no es cierto. Tienes una cara hermosa y unos ojos lindos, Kelly. Quiero que recuerdes eso, ¿okey?»

Kelly miró hacia arriba con sus intensos ojos azules y una sonrisa tímida empezó a formarse.

«Okey. Trataré de recordarlo.»

Podía ver que tomaría algún tiempo corregir los comentarios malos que ella estaba oyendo en el hogar adoptivo. Decidí visitarla de nuevo en unos días para ver si estas afirmaciones habían ocurrido solo una vez o eran un problema recurrente. También preguntaría cómo había ido la visita de Kelly con sus abuelos.

Pusimos las cosas en el coche y nos dirigimos de regreso a casa de Alberta. Tocamos la puerta varias veces, en vano.

«Creo que a la Srita. Alberta se le hizo tarde yendo por Sheena y Misha a la escuela. Podemos sentarnos en el porche y platicar mientras regresan.»

«¿Ves ese pájaro?» Kelly señaló y preguntó. «Creo que quiere beber agua del aspersor.»

La misma cabeza de agua circular que vi en mi primera visita estaba ahora colocada en una nueva sección del jardín, tratando una vez más de revivir las zonas cafés de pasto.

«Creo que es cierto. Ese pájaro está saltando alrededor del agua.»

«¿Crees que puede beber un buen trago?»

«Tal vez, si abre su boca bien grande.»

Sonreí mientras veía a Kelly concentrándose en los esfuerzos del pequeño pájaro. Pasamos cerca de veinte minutos esperando a Alberta y los otros. Cuando los niños salieron de la camioneta, vigilé atentamente a la mayor, Sheena. La vi empujar a Ramón fuera de su camino y gritarle a su hermana,

«¡Apúrate y salte!» Al ver a Sheena, aumentó mi preocupación por Kelly.

En cuanto llegué a casa, le envié rápidamente un correo electrónico a la trabajadora social y al GAL:

«Quiero informarles que acabo de regresar de visitar a Kelly por segunda vez. Parece que la niña adoptada mayor, Sheena, le ha estado diciendo a Kelly que es "fea". Esto pasa cuando Alberta hace la rutina diaria del champú para tratar los piojos de Kelly. Sé que Kelly llora cada día y extraña a su familia. No necesita que otros niños la traten duramente. La visitaré de nuevo en unos días y les avisaré si la situación ha mejorado.»

Ambas, Amber y Laura, respondieron mi correo electrónico de manera similar, agradeciéndome por pasar más tiempo con Kelly y pidiéndome una actualización sobre la situación en el hogar adoptivo.

Le pregunté a Alberta si podía venir por Kelly el siguiente martes en la mañana, un día después de la visita programada para ver a sus abuelos. No veía la hora de que ya fuera martes. Esta vez apenas toqué en la puerta cuando Alberta, viéndose agobiada, abrió y me saludó.

«Entra, pasa. Caray, estos niños me están volviendo loca. Sheena se niega a obedecer y tuve que llamar a Servicios Sociales para avisarles.»

Decidí que añadiría mis inquietudes al informe de Alberta para los Servicios Sociales.

«Sabes Alberta, pensaba hablar contigo sobre Sheena. Ha estado diciéndole a Kelly que es "fea", y me preocupa que tal vez le diga más que eso.»

«Bueno, no me sorprendería. Ambas, Sheena y Misha, sufrieron abuso de sus padres, y todo lo que Sheena sabe hacer es hablar de manera grosera y usar la violencia para obtener lo que quiere. Esperaba poder ayudar a estas niñas dándoles disciplina y amor al mismo tiempo pero se me está acabando la paciencia.»

«¿Qué dijo Servicios Sociales cuando los llamaste?»

«Me dijeron que en este momento no hay otros hogares disponibles para acoger a las hermanas y me dieron un par de sugerencias de cómo disciplinar a Sheena. Realmente espero que las ideas funcionen, porque ya estoy muy cansada.»

«Te deseo suerte lidiando con Sheena. Vigilaré de cerca a Kelly para ver cómo se lleva con los otros niños. Sé que ayer tuvo la primera visita con sus abuelos. ¿Cómo le fue?»

«Bueno, te diré, esa fue otra situación con la que tuve que lidiar. Estaba feliz por ver a sus abuelos. Su tía y prima pequeña también estaban allí. Kelly parloteó todo el tiempo, según me dijeron. Pero cuando llegué a recogerla, fue otra historia. Lloró y lloró aferrándose a su abuela. No quería regresar conmigo.»

«Se entiende. ¿Cómo la convenciste para que finalmente se fuera contigo?»

«La trabajadora social tuvo que cargar a Kelly y llevarla al coche. Lloró casi todo el camino a casa. Y por supuesto, Sheena se la pasó diciéndole "cállate, chillona". Lo cual no ayudó en nada.»

«Hoy planeo llevar a Kelly a la feria del pueblo. Pensé que hoy necesitaría atención extra, la feria será una buena distracción para ella. Regresaremos cerca de las cuatro, si te parece bien.»

«Claro. Estoy segura que Kelly lo disfrutará. Quizás le ayude a sentirse mejor también.»

Alberta llamó a Kelly desde las escaleras para que bajara. Unos piececitos bajaron estrepitosamente la escalera, y allí estaba parada una niña pequeña, callada, mirándome fijamente con sus ojos azules.

«Hola Kelly. Estoy encantada de verte. Vamos a ir a la feria. ¿Sabes lo que es?»

Dijo que no con la cabeza.

«Es un lugar con animales pequeños para acariciar y con juegos divertidos. ¿Qué te parece?»

«Qué tipo de animales habrá allí?»

«Creo que algunos chivos y cerdos y tal vez unos caballos pequeños.»

«Ah, esos animales me gustan.»

Tomó mi mano rápidamente y nos fuimos.

Después de perdernos por cerca de una hora, por fin encontramos la feria. En todo ese tiempo en el coche, Kelly nunca se quejó. Jugamos "Yo espío" y platicamos un poco más de los diferentes animales que podríamos ver en la feria. Llevé un par de sombreros para las dos. Cuando salimos del coche y me puse mi sombrero, Kelly soltó unas risitas.

«Te ves chistosa.»

Me reí con Kelly mientras le puse su sombrero.

«Bien, tú te ves linda. Ahora vamos a buscar los juegos y a los animales.»

Toda la tarde Kelly abrió los ojos como platos mientras registraba todas las imágenes y sonidos que había en la feria. Nos subimos al trenecito tres veces porque Kelly estaba encantada con los carros coloridos y con la corneta que sonaba para anunciar su arribo y salida.

Kelly no tuvo miedo de ninguno de los animales, pasamos más de una hora acariciándolos en los distintos corrales. Quería pasar la mayor parte del tiempo con los cerdos bebés. Cada vez que chillaban, Kelly se reía sin control. Temía decirle que tendríamos que irnos pronto.

«Tendremos que irnos en aproximadamente quince minutos», le dije cerca de las tres de la tarde. «Hay algún juego al que te quieras subir por última vez?»

Kelly me miró tristemente pero no se quejó.

«¿Podemos subirnos al tren otra vez?», preguntó.

«Claro, y compraremos algodón de azúcar para comer en el coche de regreso a casa. ¿Qué te parece?»

El camino a casa fue tranquilo mientras Kelly se comió su algodón de azúcar y luego se quedó dormida, aún agarrando su bolsa medio llena de la preparación rosa y pegajosa. Odiaba regresarla a donde vivía un *bully* (acosador) y donde la madre adoptiva estaba al borde de la desesperación lidiando con los niños. Me preguntaba qué podía hacer para sacar a Kelly de esta situación.

Cuando dejé mi pequeño bulto en la casa, le pregunté a Alberta si podía ver dónde dormía Kelly. Como voluntaria de los Defensores para los niños es algo que nos piden que hagamos, para que podamos incluir las condiciones de vida en nuestro informe al tribunal.

Alberta fue servicial. Vi tres cunas alineadas en una sala, con una televisión cerca de las camas. Pensé qué tan frecuentemente el sonido de un comercial de TV ponía a los niños a dormir. Supuse que Sheena tendría una cama en otra parte de la casa. Cuando regresé a casa ese día, le envié otro correo electrónico a Laura y Amber:

«Hoy llevé a Kelly a la feria del pueblo. Le encantó subirse al tren y acariciar a todos los animales bebés. Le hubiera encantado quedarse todo el día. Continúa mencionando que Sheena la insulta diciéndole cosas, como que es "fea". La madre adoptiva, Alberta, parece perdida lidiando con esta niña enojada. Me dijo que llamó a Servicios Sociales para ver si Sheena y su hermana podían mudarse. Sin embargo, no hay hogares disponibles en este momento. Kelly me preocupa, es muy pequeña y extraña terriblemente a su familia. No necesita tener a otro niño metiéndose con ella. Trataré de visitar a Kelly dos veces por semana hasta que sepa que está en un ambiente seguro.

Mientras tanto, ¿pueden decirme si han sabido algo sobre los padres de Kelly? Sé que no asistieron a la primera visita en el HHS. ¿Su madre aún está en la cárcel? ¿Tenemos un número de teléfono o alguna otra manera para comunicarnos con su padre? Apreciaría cualquier información que tengan.»

Desafortunadamente, ni la tutora *ad litem* ni la trabajadora social tenían ninguna información reciente sobre el paradero de los padres. Cada una de ellas me agradeció por estar pendiente de Kelly.

Llamé a Alberta a la mañana siguiente para organizar una visita con Kelly ese viernes. Decidí que un tiempo tranquilo en un parque sería una buena distracción para ella. Revisé mi bolsa de los Defensores para los niños y pensé añadir unos cuantos libros más, una pelota grande de hule y un oso de peluche. Ya tenía suficientes crayones y libros para colorear. El osito de peluche era útil cuando quería hacer reír a un niño o para darles algo que apretar si se sentían tristes. No estaba segura cómo se sentiría Kelly el viernes cuando yo llegara.

También puse mi cámara en la bolsa. Al juez o juez de primera instancia le complacía especialmente observar en los informes de los defensores, además de nuestros hallazgos, las fotos que añadiéramos. Los reportes que el juez recibe del tutor *ad litem* y la trabajadora social son minuciosos pero no contienen fotografías. Nuestros informes, con fotos, hacen que el niño sea "real" para los jueces.

Podemos solicitar que la copia de nuestro informe para el juez contenga fotos a color. Las otras copias para la trabajadora social, el tutor *ad litem* y la familia del menor se imprimen completamente en blanco y negro. Los Defensores para los niños trabajan con un presupuesto ajustado, así que se necesita imprimir solo en blanco y negro.

Moría por tomarle fotos a Kelly, una niña linda con una sonrisa cálida y radiante. Sin embargo, no encontraría a Kelly sonriendo el viernes. Cuando comencé a colocar el cinturón en el asiento para niños, noté un moretón en su frente.

«¿Qué te pasó en la cabeza Kelly?»

«Sheena me empujó y me dijo "fea".»

Estaba furiosa. El propósito de ser una defensora era el asegurarse que los niños estuvieran a salvo y protegidos durante todo el tiempo que tomara cerrar sus casos. Esta dulce niña perdió a su familia y ahora está sufriendo abuso por parte de otro niño en el hogar adoptivo. No permitiría que esto volviera a suceder.

Guardé mis pensamientos para mí misma mientras nos dirigimos al parque. Sabía lo que tenía que hacer en cuanto llegase a casa pero por el momento pasaría las próximas horas dándole cariño a esta niña para ayudarle a olvidar su preocupación, dolor y miedo.

«Kelly, estuvo muy mal que Sheena te empujara. Voy a hablar con la Srita. Alberta para asegurarnos que esto nunca vuelva a pasar, ¿OK?»

«Quiero a mi mami y mi papi», Kelly dijo, viéndome con ojos llenos de lágrimas.

«Ya sé cariño, y quisiera encontrarlos por ti. Sé que tienes otra visita con tu abuela y abuelo en unos días.»

Kelly se quitó las lágrimas y se esforzó por sonreír un poco, alzó sus brazos a mi cuello y me dio las gracias.

¿Dónde aprendió esta niña a ser tan cariñosa y paciente? Su sabiduría iba más allá de sus tres años. Una idea más cruzó mi mente. Parecía que Kelly sí recibió cariño y cuidados durante su corta vida, ya sea de sus propios padres o de sus abuelos. Las acciones de Kelly dicen mucho de ella, especialmente al compararlas con la pobre niña que se mete con ella. La maldad, igual que el amor, se aprenden a través de las experiencias de la vida.

Hoy Kelly solo recibiría cariño y atención de mi parte. Comenzamos nuestro juego de "Yo espío" mientras íbamos a un parque nuevo para nosotras. Traté de darle a Kelly varias actividades para que estuviera ocupada experimentando cosas nuevas, eso le dejaría poco tiempo para pensar en su familia que tanto extrañaba o en el abuso que sufría en el hogar adoptivo.

Investigué lo que se sabe sobre los piojos y compré un peine especial para usar en el cabello de Kelly. Ya que el problema no se había resuelto completamente aún, decidí añadir ese peine a mi bolsa de libros y juguetes. Todavía estaba en su empaque y lo pondría en un contenedor especial, cerrado, después de usarlo en su pelo. No mencioné esa actividad hasta después de pasar mucho tiempo jugando, leyendo y coloreando. Era un lindo día en el parque, con una temperatura agradable de 22 ºC. Tomamos nuestra bolsa de juegos y la bolsa del picnic y dejamos nuestros suéteres en el coche.

Mientras empujaba a Kelly en los columpios, vi que su sonrisa radiante lentamente regresaba a su cara.

«Puedo subir más alto?»

«Claro que sí. ¡Agárrate, aquí vamos!»

La empujé tan alto como pude. Kelly se reía y chillaba, mi corazón estaba lleno de felicidad al verla tan contenta y despreocupada como todo niño de tres años debe estar.

Mientras comimos nuestro almuerzo en una banca para picnic, leí el libro del Dr. Seuss titulado "*Green Eggs and Ham*" (Huevos verdes y jamón). Kelly veía los dibujos y preguntó, «¿Te gustan los huevos verdes?»

«Creo que sí. Los hice una vez para mis cuatro hijas y me los comí también. Mis hijas pensaron que era muy chistoso que comiéramos huevos verdes y *Spam* (jamón enlatado) para desayunar.»

«¿Qué es *Spam*?»

«Es similar al jamón pero más chico.»

Kelly arqueó su ceja mientras pensó en ello.

«Tal vez algún día pueda comer huevos verdes y *Spam*.»

«Seguro que podrás.»

Le recé a Dios en silencio para que esta dulce niña pronto tuviera una familia cariñosa.

Tan pronto como llegué a casa de mi visita con Kelly, envié un mensaje corto y urgente por correo electrónico a la trabajadora social y la tutora *ad litem*. Planeaba llamarlas también pero quería la información por escrito para el expediente:

«Algo se tiene que hacer inmediatamente para sacar a Kelly de su hogar adoptivo actual. No solamente continúan los insultos sino

que hoy también tenía un moretón grande en la frente cuando la recogí para salir. Me dijo, "Sheena me empujó". Kelly está sufriendo lo suficiente ahora sin tener que aguantar este abuso encima de todo lo demás. Por favor díganme cómo puedo ayudar para encontrarle a Kelly un nuevo hogar.»

Luego dejé mensajes de voz en los celulares de ambas, Amber y Laura. Laura fue la primera en regresarme la llamada, indignada por lo que estaba pasando.

«Yolanda, siento firmemente que este caso se está dirigiendo hacia la extinción de la patria potestad. Si esto sucede, Kelly será puesta en adopción. Pienso que debemos ver cómo la colocamos en un hogar adoptivo con riesgo legal tan pronto como sea posible.»

«¿En qué se diferencia un hogar adoptivo con riesgo legal de un hogar adoptivo normal?»

«El riesgo legal significa que las familias están acogiendo con el objetivo principal de adoptar a un niño cuando la situación se presente y que el niño parece encajar bien con la familia. La palabra "riesgo" en el nombre implica que hasta que el caso esté cerrado siempre existe el riesgo de que una familia no pueda adoptar a cierto niño, ya que sus padres tienen hasta un año para cumplir con las órdenes del tribunal y de ese modo su hijo o hijos podrían regresar a casa.»

«Un hogar adoptivo con riesgo legal es un gran idea para Kelly. Sería una bendición para cualquier familia el tener a esta niña en su casa. ¿Cuánto tiempo tomará completar el proceso?»

«Empezaré a revisar los hogares adoptivos con riesgo legal disponibles y programaré varias citas para visitar a las familias esta semana. Si encontramos un hogar factible, haremos la transición al inicio de la siguiente semana, muy pronto. ¿Quisieras venir con Amber y conmigo cuando hagamos estas visitas?»

«Sí, me encantaría acompañarlas. Solamente avísame la hora y el lugar y estaré allí.»

Amber estuvo de acuerdo con todas las ideas de Laura. Me dio gusto saber que dos profesionales trabajadoras y dedicadas estaban ocupándose del caso de Kelly. No podía esperar para visitar a las familias que podrían proporcionarle un hogar permanente a Kelly.

En pocos días me encontré con Amber y Laura en la primera casa. El vecindario era agradable y la parte exterior de la casa estaba bien mantenida. Mientras tocábamos a la puerta, me pregunté qué encontraríamos en el interior. No estaba preparada para quien nos recibió. Mi atención se dirigió específicamente al perro que vi. Este animal, del tamaño de un caballo pequeño, subió la mirada con ojos grandes y cafés y esperó pacientemente a que su amo le diera alguna orden.

«Por favor, por favor, pasen. Merlín no las va a lastimar. Es un bebé grande y adorable. Soy Olivia.»

La mujer extendió su mano para saludar.

Cuando miré los ojos de Olivia, casi me quedé sin aliento. Las similitudes de su cara con la cara de la pequeña Kelly eran sorprendentes. Los ojos azules de Olivia, su cara redonda y pómulos altos eran justo como los de Kelly. Inclusive su piel clara tenía el mismo tono. Su sonrisa de oreja a oreja era contagiosa. Las vi como madre e hija sin siquiera pensarlo dos veces. Entramos a la casa y conocimos a Jim, el esposo de Olivia.

«*Hooola*. Encantado de conocerlas.»

El acento británico de Jim era inconfundible. Era de altura promedio, con una complexión delgada y parcialmente calvo. También tenía una cara agradable, con ojos grandes y expresivos y una sonrisa que coincidía con la de su esposa. Ambos, él y Olivia, continuaron sonriendo mientras nos condujeron a un grupo de sillones y nos presentaron a otro perro igual de grande, un gran danés llamado Abba.

«¡Wow, estos perros son gigantes!», no pude dejar de interrumpir.

«Te sorprendería lo dóciles que son», explicó Jim. «Los

llevamos frecuentemente a visitar los hospitales cercanos. De hecho, los pacientes se sienten muy atraídos hacia ellos.»

Olivia condujo a Merlín hacia mí y las otras dos visitantes para que pudiéramos acariciarlo y comprobar nosotras mismas lo dócil que era. Pensé en Kelly y si le agradarían estos perros o le darían miedo. Supuse que si eran lo suficientemente bien portados como para visitar pacientes en los hospitales, seguro sabrían cómo actuar con un niño de tres años.

«Merlín y Abba adoran a los niños pequeños tanto como a los adultos», dijo Olivia, como si hubiese leído mi mente. «Están entrenados para ser dóciles y obedientes.»

«Es bueno saberlo», comenté con un tono de voz aliviado.

Amber inició la entrevista explicando qué responsabilidades teníamos cada una de nosotras en relación con Kelly. Me dio la palabra unos minutos para detallar mi papel como una defensora designada por el tribunal y luego resumió su trabajo con Kelly como trabajadora social de los Servicios Sociales. Después, Laura explicó que ella era la abogada designada por el tribunal para Kelly, conocido como tutor *ad litem*. Al final, por cerca de cinco minutos, Amber habló brevemente de quién era Kelly, porqué fue separada de su familia y porqué ambas, Laura y Amber, consideraban que esta niña sería probablemente una candidata para ser adoptada. Jim y Olivia escucharon con total atención.

En este momento, Laura cambió de estrategia y empezó a hacer preguntas que nos ayudaran a conocer a Jim y Olivia y a entender más su dinámica familiar. Supimos más acerca de las salidas de Merlín y Abba para visitar pacientes en los hospitales locales. Nos enteramos de los trabajos de Jim y Olivia. Nos contaron de sus pasatiempos, viajes y parientes lejanos.

Sabía que los Servicios Sociales inspeccionaron y aprobaron este hogar, ya que era un requisito antes de estar en la lista como un posible hogar adoptivo con riesgo legal. Olivia, sin embargo, estaba encantada de mostrarnos la recámara que preparó en caso de que algún día un niño la ocupara.

Mientras caminamos con cierto titubeo hacia las escaleras, Merlín, el más grande de los dos perros, nos acompañó en cada paso. Aún no estábamos muy seguras de su docilidad y buen carácter con las personas.

«¡Merlín, siéntate!», le ordenó Jim, sin gritar pero de manera firme. El perro de inmediato respondió y se sentó al lado de las escaleras.

Pudimos comprobar que lo que comentaron sobre Merlín era cierto. Estos perros estaban bien entrenados. Las tres visitantes respiramos un poco más tranquilamente después de ver que el perro se acostó. Mi perro era un tercio del tamaño de estos perros y Laura y Amber han de haber tenido perros pequeños o ninguno, ya que se veían igual de inseguras que yo cerca de estos gentiles gigantes.

Mientras caminamos en la parte de arriba, observamos rápidamente otra recámara y un baño al pasar frente a estos. Los dos estaban muy bien decorados y completamente limpios. La recámara que nos mostraron para un posible nuevo miembro de la familia era el sueño de cualquier niño. Había una moderna litera con cobijas de colores brillantes y animales de peluche. Un armario empotrado cubría una pared y cada repisa tenía un libro o un juguete.

Dos sillas para niños estaban cerca de una pequeña mesa donde se podría colorear o jugar con plastilina *Play-Doh*. El clóset estaba diseñado con tubos bajos para colgar en la mitad inferior, para que aún un niño pequeño pudiera alcanzar al menos la mitad de la ropa colgada en el clóset. La ventana grande en la recámara daba hacia un patio trasero verde y exuberante, con una vista de las montañas a lo lejos, lo cual complementaba el paisaje.

Cuando terminamos de recorrer toda la casa, le susurré a Laura, «¿puedo enseñarles a Jim y Olivia unas fotografías de Kelly?»

Con el permiso de Laura, saqué rápidamente cuatro fotos de mi carpeta.

«Olivia, quiero enseñarles a ti y a Jim algunas fotografías de Kelly.»

Pude observar la mirada de alegría y felicidad en las caras de ambos padres potenciales.

«¡Es hermosa!» exclamaron, casi al unísono.

Mientras juntamos nuestras cosas preparándonos para salir, pensé, «¡Estoy lista para traer a Kelly aquí mañana mismo!» Sin embargo, sabía que dos familias más tenían el derecho de ser entrevistadas como posibles candidatos.

Antes de irnos, Amber me invitó a visitar las otras dos casas al día siguiente. Desafortunadamente, tenía una cita programada previamente y tuve que declinar la invitación. Le pedí a Amber que me enviara un correo electrónico después de las visitas para saber cómo se sentían Laura y ella sobre las tres opciones.

«Sé que esta es nuestra primera visita pero esta familia realmente me hizo sentir bien», comenté.

«Te informaremos acerca de nuestras evaluaciones de las otras dos familias.»

«Gracias. Mientras más pronto podamos cambiar de casa a Kelly, mejor.»

Para las cuatro de la tarde del día siguiente, había recibido correos electrónicos de Amber y Laura. Amber escribió:

«Por varias razones, las dos casas no cumplieron con los criterios que esperábamos para Kelly. Considero que está bien proseguir con Jim y Olivia. Laura concuerda y estamos solicitando una transferencia inmediata. Esperamos que Kelly se pueda cambiar para el viernes.»

¡Di saltos de alegría! Este correo me llegó el miércoles y ahora había la posibilidad de que Kelly estuviera en esta maravillosa casa para el viernes. Mandé al cielo un silencioso "Gracias".

Les escribí a ambas y les pedí que me avisaran cuando todo estuviera listo. Entonces visitaría a Kelly y la prepararía para este nuevo cambio. También les pregunté quién de las dos informaría a Alberta sobre este próximo plan. Amber dijo que ella llamaría a Alberta tan pronto como la fecha fuese oficial pero mientras tanto yo podía irle avisando que esta transferencia sucedería en cuestión de días. ¡No podía esperar para hacer esa llamada!

«Buenos días Alberta», dije con voz calmada. «Habla Yolanda. Solo quería avisarte que se encontró un nuevo hogar para Kelly. Los Servicios Sociales quieren cambiarla para este viernes. Amber te llamará en cuanto la fecha sea oficial.»

«Me da gusto oír eso. Sé que Kelly será más feliz en un hogar diferente.»

«Quisiera pasar al rato para hablar con Kelly sobre este cambio. ¿A qué hora estaría bien que fuera para salir con ella a caminar un poco, para que podamos platicar sobre la nueva familia?»

«Ven a las tres y media. Para entonces ya habremos regresado de recoger a los niños de la escuela.»

«Bien. Te veo a esa hora.»

Mientras manejaba a casa de Alberta, pensé en los Señores Hewson y sus dos gigantescos perros, su encantadora casa y la colorida recámara para los niños. No podía esperar para enseñarle a Kelly este posible hogar permanente. Una pequeña duda apareció en mi mente.

«Yolanda, este caso no se ha cerrado aún», me dije a mí misma. «Por ley, los padres de Kelly tienen un año para demostrarle al tribunal que pueden enderezar sus vidas y ser lo suficientemente responsables para criar a su hijo.»

Pensando en el tiempo que había transcurrido desde que este caso inició y lo que había leído en los expedientes acerca de los padres de Kelly, mi instinto me decía que estas dos personas no tenían el deseo ni la voluntad para hacer lo que el tribunal solicitara de ellos. Sí tuve que reconocer un punto: Kelly era una niña muy brillante y sabía cómo interactuar con las personas a su alrededor, así que era obvio que se le dio cariño de alguna manera. También parecía que su madre cuidó de su salud, ya que Kelly no presentó resultados positivos para ninguno de los problemas que pueden ocurrir cuando la madre fuma, bebe alcohol o toma drogas durante el embarazo. Por estas razones, podía pensar en sus padres de una manera positiva y amable. A pesar de las carencias por las que Kelly pasó, esta niña tuvo la suerte de contar con buena salud generalmente y de tener la capacidad de querer y ser querida.

Comprobé mis pensamientos sobre Kelly cuando toqué la puerta. En cuanto Alberta llamó a Kelly vino corriendo por las escaleras y directo hacia mí.

«¡Ahhh, Sra. Bryant, estoy feliz de verla!», exclamó mientras alzaba sus brazos hacia mí.

Esta fue la primera vez que Kelly usó mi nombre desde que lo practicamos en el parque.

«¡Y yo estoy muy feliz de verte Kelly! Tengo algunas buenas noticias para ti. Caminemos un rato para que te las cuente.»

«¿Puedo ir a caminar con la Sra. Bryant?», Kelly preguntó mientras volteaba a ver a Alberta.

«Claro que sí. Vayan.»

Salimos de la casa caminando tomadas de la mano.

«Kelly, que pensarías de ir a un nuevo hogar donde viven un señor y una señora amables?»

«¿*Po' qué* la Srita. Alberta ya no me quiere aquí?»

«No, es porque esta nueva familia busca a un niño para ir a vivir con ellos y cuando supieron de ti se pusieron muy emocionados y quieren conocerte.»

«¿Mi mami y mi papi pueden venir a vivir con ellos también?»

«No, tu mami y tu papi se fueron a otro lugar a vivir y no los hemos podido encontrar.»

«¿Supongo que por eso no vienen a visitarme?»

«Estoy segura de que vendrían si pudieran Kelly, pero a veces los padres se meten en problemas y entonces no pueden ver a sus niños. Siento mucho que tus padres estén en problemas.»

«Yo también, porque quiero mucho a mi mami y mi papi.»

«Lo sé. Mientras tanto, ¿qué te parece el conocer a Jim y a Olivia? Tienen dos perros realmente grandes pero son muy dóciles.»

«Ah, me gustan los perros. ¿Cómo se llaman?»

«Merlín y Abba, ¡y son casi tan altos como tú!»

«No tendré miedo.»

Pasamos los siguientes 10 ó 15 minutos hablando de los perros, y de Jim y Olivia. Le describí a la familia, las mascotas y el hogar. Quería que Kelly se sintiera tan relajada y lista para conocer a los Señores Hewson como fuese posible.

El entrenamiento dado por los Defensores para los niños indica que en los primeros encuentros entre los niños y los nuevos padres adoptivos es mejor reunirse en un lugar neutral. Sabía que a Kelly le encantan los parques y me pareció que sería un buen sitio para que dos grandes perros pudieran juguetear.

«Decidimos que Jim y Olivia podrían llevar sus perros al parque que fuimos tú y yo hace unas semanas. ¿Recuerdas el parque con los columpios y gansos? ¿Qué te parece?»

«Sí me acuerdo de ese parque. ¿Sra. Bryant, puede venir conmigo?»

«¡Claro que sí!»

Finalmente las cosas no salieron así, el día que fui a recoger a Kelly del hogar adoptivo no había nadie en la casa. Alberta me dijo después que tuvo demasiadas citas ese día y no pudo regresar a la hora que habíamos quedado.

Laura y Amber decidieron que intentaríamos una visita a casa de los Señores Hewson justo al siguiente día. Olivia recordó ese jueves:

«Laura y Amber vinieron a nuestra casa. Kelly se dirigió

directamente hacia Abba, el gran danés, y le dio un gran abrazo. Entró como si fuera la dueña de la casa. Platicamos un ratito y luego llevamos a Kelly al patio trasero, donde corrimos con los perros. Acabamos acostados en el pasto, viendo las nubes, escogiendo formas. Era completamente obvio que Kelly era una niña lista y articulada. Todavía tenía un rasguño en su cara de la otra niña adoptiva. Le dimos un animal de peluche llamado "perrito Merlín" para que se lo llevara a casa de la Srita. Alberta y le ayudara con la transición. Cuando era hora de irse, lloró (sin escándalo) y nos rompió el corazón, aún cuando sabíamos que regresaría.»

Jim recuerda que Kelly estaba sonriendo todo el tiempo y que en la casa estaba como pelota, de un lado al otro, preguntando repetidamente «¿Qué es esto?, ¿qué es esto?»

Ya que la visita de un día completo estuvo muy bien, la trabajadora social y la abogada decidieron que Kelly podía intentar pasar un fin de semana entero con los Señores Hewson. Si todo iba bien, Amber iría a casa de Alberta el lunes, recogería todas las pertenencias de Kelly y la transferiría oficialmente a su nuevo hogar adoptivo con riesgo legal.

Amber me pidió si yo podía llevar a Kelly para este siguiente paso en la transición. Llegué con Alberta a la mañana siguiente a las nueve. Kelly ya me estaba esperando en la puerta. Se veía lista para la visita vestida con sus pantalones cortos amarillos, camiseta de flores y sandalias blancas y limpias. Una pequeña mochila de lona estaba a sus pies.

Antes de que pudiera saludar, Kelly saltó a mi lado y subiendo el tono de voz, dijo «¡Estoy lista para irnos, Sra. Bryant! ¿Estarán los perros?»

«Buenos días Kelly. Sí los perros estarán allí, junto con Jim y Olivia. Parece que tu mochila está lista, qué bueno.»

«Sí, la Srita. Alberta me la empacó después del desayuno.»

Alberta estuvo oyendo nuestra conversación y vino a darle a Kelly un rápido abrazo mientras nos preparábamos para irnos.

«Hasta luego Srita. Alberta, te quiero.»

«Yo también te quiero, corazón. Pásala bien.»

Kelly le dijo adiós a Alberta mientras caminábamos al coche. Era posible que esta fuera la última vez que Kelly viera a Alberta o a los niños que se asomaban desde atrás de su madre adoptiva. No le mencioné esta posibilidad a Kelly, no necesitaba procesar otras despedidas de un lugar que empezaba a sentir como su casa. Sabía que con el amor y afecto que los Señores Hewson le podían dar a Kelly, este hogar adoptivo pronto se convertiría en un vago recuerdo.

Kelly y yo platicamos sobre el nuevo lugar donde se quedaría el fin de semana. Los dos perros siempre estaban al frente de la conversación. Los animales tenían una manera de llenar un vacío cuando los niños necesitaban tranquilidad o aceptación.

Los Defensores para los niños comprobaron esto cada mes, ya que traían algunos perros a la oficina como parte de un programa llamado "*Wagging tales*" (Mover el cuento)[5] . Los voluntarios podían traer a los niños de edad escolar a la oficina un sábado al mes. Los niños escogían varios libros y se los leían a su perro especial.

Estos perros están entrenados para estar sentados en silencio observando al niño mientras "escuchan" la historia que se les lee. Algunos de los perros son jóvenes y lamerán al niño mientras lee o pondrán su cabeza en el regazo del niño. Esto hace que el niño se ría y abrace al perro. Luego los niños continúan con su lectura. Nadie corrige la conducta del niño y el perro parece que está viviendo el mejor momento de su vida. Esto hace que el niño se sienta bien acerca de sus capacidades de lectura y querido por su nuevo amigo peludo. La primera vez que llevé a un par de niños a leerles a los perros, tuve que limpiarme una o dos lágrimas mientras miraba a niños solitarios conectarse con cachorros juguetones. Los niños nunca

---

5 En inglés "*tale*" (cuento) suena igual que "*tail*" (cola), el nombre del programa hace alusión a los perros que mueven la cola.

quieren que esta experiencia termine.

Recuerdo a un pequeño niño diciéndome, «ojalá tuviera un perro que me dejara leerle.» Pensé que Merlín y Abba serían el tipo de perros que le ayudaría a Kelly a sentirse bienvenida y querida.

En esa soleada mañana de viernes, Jim y Olivia, junto con Merlín y Abba, nos recibieron en la puerta. Los cuatro apenas cabían en el marco de la puerta.

«Bueno, hola Kelly. Te estábamos esperando. Por favor pasa.»

Kelly puso una gran sonrisa y se dirigió inmediatamente al gran danés. Estiró su mano para acariciar el pelo de Abba.

«Creo que me recuerda.»

«¿Te gustaría ayudarme a darle de comer a Abba?», preguntó Olivia alegremente.

«¡Ah, sí! Puedo hacerlo.»

Pude ver en ese momento que estas dos personas estaban listas para abrazar a Kelly con todo su corazón. Parecía que Abba y Merlín también estaban listos para tener un nuevo amigo. Justo cuando esta reciente y pequeña familia se dirigía a la cocina, donde guardaban los grandes platos de los perros, alguien tocó a la puerta. Amber y Laura llegaron al mismo tiempo.

«Yo abro Olivia, ustedes sigan dándole de comer a los perros.»

Quería un minuto en privado para decirles a ambas, la abogada y la trabajadora social, mis impresiones al llegar a la casa de los Señores Hewson.

«Kelly no le tiene miedo a los perros para nada. El verlos ayer debió haberla hecho sentir completamente tranquila. Siguió a Jim y a Olivia directo a la cocina porque Olivia la invitó a ayudarla a darle de comer a los perros. ¡Estaba encantada!»

«Me da mucho gusto escuchar eso», Amber se acercó. «Laura y yo consideramos que este hogar resultó una muy buena opción. La prueba final es saber cómo se siente Kelly con la familia. Este podría ser su hogar permanente.»

«Yo también lo considero así. Seguro que este fin de semana será maravilloso no solo para Kelly sino también para Jim y Olivia.»

Las tres corrimos a la cocina para ver la alimentación de estos perros del tamaño de un poni. Kelly se reía mientras vaciaba comida al enorme plato del perro.

«Mire, Sra. Bryant, Abba está comiendo la comida que le puse.»

«Sí, seguro que está contento de que vinieras a ayudar a darle de comer.»

«Ahora voy a darle de comer a Merlín», Kelly explicó entusiasmada. «¡Míreme!»

Olivia le dio a Kelly otro contenedor de medio galón lleno de comida.

«El recipiente de Merlín está en la otra esquina. Separamos a los perros mientras comen para que no sientan que el otro quiere su comida.»

Después de vaciar el alimento y llenar los recipientes con agua, nos dirigimos a la sala para tener la oportunidad de hacerles algunas preguntas a Olivia y Jim. Olivia estaba totalmente preparada.

Sabiendo que Kelly estaría aquí, preparó una pequeña mesa y silla cerca del sofá con muchas actividades que captarían la atención de cualquier niño. Kelly pronto estaba inmersa en una tabla de dibujo –una en la que usas una pluma especial y luego mueves una barra para borrar todo– lista para un nuevo dibujo. Mientras Kelly estaba ocupada, Laura les preguntó a Jim y Olivia si tenían alguna duda específica acerca de Kelly o de este fin de semana. Nosotras, a su vez, revisamos por segunda vez cuáles eran sus planes para los siguientes días. Les aseguramos que las tres de nosotras estaríamos disponibles si tenían cualquier pregunta o inquietud.

Cuando finalizamos la conversación, todos consideramos

que fue una buena decisión cambiar a Kelly a este hogar. Amber confirmó con Kelly que se quedaría en este hogar por unos días. Me puse en cuclillas al lado de Amber y las observé mientras esta plática tuvo lugar.

«Kelly, ¿crees que te gustaría quedarte aquí unos días ayudándoles a Jim y Olivia con sus perros?»

«Ah, sí. Quiero quedarme aquí por un largo tiempo.»

Amber y yo nos miramos brevemente, ambas sorprendidas de que esta transición haya ocurrido sin contratiempos hasta entonces.

«Eso podría suceder Kelly. Vendremos el lunes para ver cómo les está yendo.»

«También llamaré a Olivia mañana para preguntarle si la estás pasando bien», repliqué. «Si necesitas cualquier cosa Kelly, solo dile a Jim o a Olivia.»

«Lo haré Sra. Bryant. ¿Puedo ir a jugar con Abba y Merlín? Ya acabaron de comer y creo que quieren jugar.»

«¿Por qué no le preguntas a Jim si está bien que juegues con los perros?», guié a Kelly para iniciar la transición.

Kelly miró a Jim, quien estaba sonriéndole desde el sofá. Dudó solo por unos segundos y luego caminó decididamente hacia él.

«Jim, ¿puedo jugar con tus perros?»

«Claro Kelly. ¿Quieres ir al patio trasero con Merlín, Abba y conmigo? Puedes ayudarlos a ejercitarse como hiciste el otro día.»

«Ah, sí.»

Cuando Kelly siguió a Jim, terminamos los detalles finales con Olivia.

«Aquí está mi tarjeta con mi número de teléfono celular», le dijo Laura a Olivia dándole su tarjeta. «Si tienes cualquier pregunta, por favor llama.»

Como voluntarios de los Defensores para los niños, también tenemos tarjetas de presentación para dar a las familias.

Amber y yo añadimos nuestras tarjetas a la de Laura. Le dije a Olivia que llamaría al día siguiente para saber cómo iba todo. También le dije que me llamara a cualquier hora ya que Kelly era mi prioridad.

Salí al patio para decirle a Kelly que ya me iba y que estaría de regreso en dos días para ver cómo estaba. Kelly estaba tan ocupada corriendo con Merlín que apenas se tomó un poco de tiempo para detenerse y decir sin aliento, «Hasta luego Sra. Bryant. Nos vemos pronto.»

Me fui de la casa de los Señores Hewson casi cantando de felicidad, me sentía tan contenta y esperanzada por la niña que estaba a mi cargo.

Luego supe que para Jim y Olivia el programa de hogar adoptivo y el de hogar adoptivo con riesgo legal era un tema bastante nuevo. Su hogar fue aprobado apenas la semana anterior. Justo estaban terminando su clase de entrenamiento como padres adoptivos cuando recibieron un correo electrónico acerca de una pequeña niña llamada Kelly que necesitaba un hogar adoptivo con riesgo legal. Su maestra de la clase para ser padres aptos estaba contenta de oír estas noticias, pero les advirtió que el encontrar a un niño que encajara con su familia puede ser desalentador, y que era probable que vieran pasar varias solicitudes antes de que un niño fuese colocado con ellos.

No obstante, los Señores Hewson rápidamente le avisaron al condado que estaban verdaderamente interesados en conocer a esta niña.

Olivia me contó después, «Era un miércoles cuando llamó Amber diciendo que Kelly efectivamente vendría a nuestra casa. Estaba en una cita con un cliente y le advertí que estaba esperando esta importante llamada y que cuando la recibiera me saldría de nuestra reunión. Recuerdo estar parada en la sala de descanso cuando escuché la maravillosa noticia. Llamé rápidamente a Jim para contarle. Terminé la llamada pidiéndole que nos viéramos en *Toys"R"Us*[6] al salir del trabajo, para comprar unas cosas para Kelly. Lo que siguió fue una compra desesperada como nunca lo imaginé.» Podían oírnos exclamar, «¡No sé lo que le gusta!» y «¡Okey, solo cómpralo y ya veremos si le gusta!»

Estaba ansiosa por saber cómo se sintió Kelly después de pasar su primera noche en casa de los Señores Hewson. Cuando llamé al día siguiente, Jim contestó. No podía esperar para contarme de ella.

«Kelly es una joya. Siempre es educada y simplemente le encanta jugar con Merlín y Abba. ¿Quiere hablar con ella, Sra. Bryant?»

«Ah, sí, gracias Jim.»

Kelly debió haber estado al lado de Jim, ya que inmediatamente oí un alegre «¡*Hooola*, Sra. Bryant!»

Me sonreí, pude ver que Kelly había notado el "*Hooola*" con acento inglés de Jim.

«¿La estás pasando bien Kelly?»

«Ah, sí. Quiero quedarme aquí por un largo, largo tiempo. ¿Puedo, Sra. Bryant?»

Quería darle esperanza pero como no estaba completamente segura del desenlace, hablé con cuidado.

«Creo que podrás estar allí por bastante tiempo Kelly. ¿Cómo están Merlín y Abba?»

El cambiar de tema a los perros fue justo el escape que necesitaba. Kelly empezó una larga descripción de sus muchas actividades con sus nuevos amigos peludos. Terminamos nuestra plática con la promesa de que iría el lunes para ver su linda recámara y jugar con sus perros y sus juguetes nuevos.

Después de visitar a Kelly, mandé un correo electrónico para Laura y Amber describiendo lo bien que ella estaba, dándoles mi opinión de que la transición se había completado. Era

6 Una cadena de jugueterías en Estados Unidos de América.

momento de ver a Kelly disfrutar cada día con esta maravillosa familia. Ambas, Laura y Amber, estuvieron totalmente de acuerdo. Se hicieron los arreglos para que Kelly fuese colocada legalmente con los Señores Hewson.

Ahora iniciaba el juego de la espera. Por ley, los padres de Kelly tienen un año a partir de la fecha en la que empezó el caso en el tribunal para probar que son capaces y están dispuestos a cuidar de su hija. Esto se determina de acuerdo a qué tan correctamente cumplan los padres las estipulaciones ordenadas por el tribunal para ser padres responsables. Cada caso tiene distintos requisitos. Algunos de los puntos más comunes son los siguientes:

1) Los padres deben demostrar que cuentan con un trabajo estable y un pago en cheque por al menos seis meses.

2) Los padres deben demostrar la capacidad para proveer un hogar adecuado para su(s) niño(s).

3) Los padres deben cumplir con el programa de rehabilitación de drogas prescrito, como lo dispusieron los Servicios Sociales, y proporcionar un documento que indique que completaron dicho programa.

4) Los padres deben terminar cualquier terapia o terapias requeridas por los Servicios Sociales.

5) Los padres deben completar la clase requerida para ser padres aptos, como lo indican los Servicios Sociales.

Esta lista de requisitos puede ser desalentadora si uno de los padres o ambos han estado en la cárcel, se han quedado sin hogar o están combatiendo adicciones a las drogas en ese momento. A veces, el amor de un padre por su hijo le dará la fuerza y determinación para vencer las probabilidades y reunir a su familia de nuevo. Cuando esto sucede, hay un sentimiento de alegría casi palpable en el tribunal, mientras el juez se toma su tiempo para elogiar a los padres por sus esfuerzos titánicos para ser el tipo de padres que su hijo se merece. Otras veces, casi puedes adivinar el desenlace de un caso, ya que mes tras mes ninguno de los padres se presenta a la revisión del caso en el tribunal. En casos como esos, rezas por un pariente cariñoso o una familia adoptiva como los Señores Hewson.

En el caso de Kelly, dos personas en su vida continuaron presentándose a las visitas de familia. Su abuela y su abuelo. Al inicio del caso, Kelly siempre estaba contenta de ver a sus abuelos. A veces, llevaban a su tía y prima pequeña. Como mencioné antes, ninguno de estos familiares se consideró una alternativa de adopción apropiada y segura. A medida que Kelly se adaptó a su vida con los Señores Hewson, estas visitas fueron más esporádicas. Jim recordó la primera vez que llevó a Kelly a una de estas visitas.

«Ella se aferró a mí todo el tiempo. Cuando llegó el momento de marcharse, Kelly dijo adiós con la mano a su familia biológica y caminó agarrando fuerte mi mano.»

Aunque he mencionado varias de las cualidades de Kelly, había algunos obstáculos que necesitaban ser vencidos. Jim y Olivia se dieron cuenta totalmente de estas cosas con el paso del tiempo.

El primer problema, y el que se resolvió más fácilmente, se centraba en el uso de los nombres. Olivia me escribió un correo electrónico a unas semanas de tener a Kelly en su casa:

«... Kelly tiene muchas ganas de verte a finales de esta semana. Nos ayudaría si usaras muchas veces nuestros nombres y trataras de que ella también lo hiciera. ... Ella está teniendo problemas con eso y nos gustaría que se sintiera cómoda con nosotros. Sigue llamándonos el señor y la dama (aunque en alguna ocasión sí usa nuestros nombres, así que estamos seguros que los sabe).»

Le contesté a Olivia:

«Gracias por las fotos de Kelly que enviaste. ¡Usaré mucho sus nombres! Aunque no te preocupes demasiado por eso, yo pasé por lo mismo. Finalmente un día, hace cerca de un mes, practicamos que dijera mi nombre después de cada respuesta durante toda nuestra salida. Después de eso estaba bien. ¿Supongo que quieres que use

sus nombres de pila con ella? Ella me llama Sra. Bryant pero es porque es un poco más formal y como no soy de la familia, me pareció apropiado. Si hay algo más en lo que pueda ayudar, avísame. A medida que pasen las semanas, si se presenta una situación en la que tú o Jim o ambos necesitan un poco de tiempo a solas, díganme. Estaría encantada de cuidar a Kelly.»

El problema físico más evidente era la boca con dientes plateados que Kelly exhibía. Debido a la falta total de higiene dental en sus primeros tres años de vida, varios de sus dientes frontales superiores e inferiores estaban podridos. Los Señores Hewson supieron qué hacer para corregir esa situación, así que este problema se remedió a tiempo.

También supieron qué hacer acerca de la obvia adicción de Kelly a la televisión. Durante los primeros meses no la prendieron excepto en muy raras ocasiones, aún cuando Kelly se los pedía de manera casi incesante. El problema más desgarrador sucedía de noche.

Olivia me explicó, «Kelly pasó la transición realmente bien pero sí se despertaba gritando y llorando en la noche (terrores nocturnos) casi cada noche por unas semanas. El mayor reto fue convencerla de que podía salir de su recámara. Al inicio, cuando la acostábamos se quedaría en su cuarto independientemente de lo que sucediera, aún si necesitaba ir al baño, estaba asustada o llorando. Tomó cerca de un mes alentarla y que ella se acercara más a la puerta de la recámara hasta que eventualmente se sentó en la puerta en la mañana y finalmente se sentó afuera de nuestra puerta. ¡Nos da risa que desde entonces pasamos todo el tiempo tratando que se quede en su recámara en las mañanas (es muy tempranera)!»

Como defensora de Kelly, continué visitándola de manera regular. Mi trabajo no finalizaría hasta que el caso estuviera cerrado. Algunas veces aún llevaba a Kelly al parque, a la biblioteca o a almorzar. Esto también les daría a los "nuevos" padres un pequeño descanso mientras se ajustaban a ser padres de tiempo completo de un niño de tres años. Olivia trabajaba fuera de casa durante el día. Jim podía estar con Kelly en el día. En las tardes, ambos padres estaban juntos con Kelly, excepto en alguna ocasión cuando Olivia viajaba por cuestión de trabajo.

Cuando había una revisión del caso en el tribunal, escribía mi informe para que el juez supiera cómo estaba Kelly, lo que pensaba de su nuevo hogar y lo que esperaba que sucediera para el bienestar de esta niña. En cada revisión, que en este caso sucedía casi cada sesenta días, ninguno de los padres apareció jamás. La abuela generalmente se presentaba y hablaba bastante acerca de sus razones para querer la custodia de su nieta. Se quedaba bastante disgustada cada vez que se le decía que no sería posible.

Habiéndome convertido en una abuela yo misma durante este caso, entendía cómo se sentía la abuela, sin embargo, estaba completamente comprometida a cuidar y mantener en mente lo que fuese mejor para el bienestar de Kelly. Sabía que esta niña no estaría segura con su familia biológica, así que calmada pero firmemente, di mi opinión acerca de este tema a todos los involucrados en el caso.

Mientras tanto, observaba que el amor y la cercanía continuaban desarrollándose entre los Señores Hewson y Kelly.

Jim relató después, «en los días que nos visitabas, teníamos una rutina divertida. Preguntaría en un malo acento americano, "¿Quién está tocando la puerta Kelly?" Y ella respondería: "¡Aquiiiiií está la Sra. Bryant!"»

Cada vez que los visitaba podía observar a esta niña transformarse y crecer en un ambiente cariñoso y seguro. Pensé que ya no necesitaba hacer visitas semanales.

Algunas veces antes de una visita recogía boletos para un evento cerca de la ciudad. Estos boletos eran donados a nuestra oficina de los Defensores para los niños. Recibíamos un correo electrónico acerca de los boletos disponibles y era cuestión de "el primero que llegara, el primero que los obtenía". Donaban estos boletos con el propósito de que lleváramos a los niños a ver espectáculos tales como *Disney on Ice* (Personajes de Disney patinando en hielo), juegos de hockey o al cine.

Un día recogí unos boletos para el parque acuático cercano. Decidí dejar que los Señores Hewson llevaran a Kelly a esta atracción, en vez de ir yo. Era el momento de hacer la transición para separarme lentamente de Kelly y ayudarla a involucrarse completamente con su nueva familia. Los Señores Hewson estaban encantados de compartir esta experiencia con Kelly.

Le envié un correo electrónico a Olivia para saber si querían usar estos boletos con Kelly. Olivia respondió:

«Jim y yo pensábamos llevar a Kelly al parque acuático antes de que terminara el verano, ¡así que la idea de los boletos es maravillosa! ¡Gracias por pensar en nosotros! Eres bienvenida a pasar por aquí el lunes en la tarde, si no te queda mal. También podríamos pasar nosotros a recogerlos o vernos en algún lado. Nos encantaría contarte cómo va Kelly (excelente, maravillosa, encantadora) y el placer que es tenerla. También puedes llamar cualquier tarde para platicar sobre Kelly, aún si no tenemos nada específico que decir, siempre nos da gusto oírte.»

Los Señores Hewson no sabían que como voluntario de los Defensores para los niños nos instruyen a no llevar a los niños (o a las familias) con quienes estamos involucrados a nuestras propias casas. Para cuidar nuestra privacidad esta regla no era negociable. No sentía la necesidad de privacidad en lo que concernía a los Señores Hewson pero seguí el procedimiento y le dije a Olivia que no tenía problema en llevarles los boletos. Además, todavía los visitaba cada dos semanas más o menos, así que el dejarles los boletos era una buena razón para una visita.

Olivia también mencionó la escuela pre-primaria en el mismo correo electrónico:

«Kelly inicia pre-primaria mañana (lunes, miércoles y viernes de 8:30-11:00) así que escogió su ropa antes de irse a la cama, azul ya que están aprendiendo acerca del color azul esta semana. Ahora

tiene una casa de juguete afuera y más juguetes y ropa que lo que podemos usar, gracias a nuestra familia y amigos. Kelly ha recibido varios paquetes por correo y le encanta abrirlos.»

Después de cinco meses con los Señores Hewson, era evidente que los padres biológicos de Kelly no serían capaces de cuidarla. Discutimos con los Señores Hewson si ellos estaban interesados en adoptar a Kelly.

¡La palabra "interesados" se quedaba corta totalmente! Tanto Jim como Olivia apenas podían contener su emoción. Ellos querían a Kelly desde el primer día que estuvieron juntos.

Se estableció una fecha en el tribunal para la "extinción de la patria potestad". Este procedimiento puede hacerse con los padres en el tribunal, donde firman y ceden sus derechos de responsabilidad paterna, y entonces el niño o niños se colocan en la custodia del condado. En el caso de Kelly, este procedimiento se hizo sin los padres ya que no se les había encontrado en ningún lado.

El siguiente paso era establecer una fecha en el tribunal para la adopción final. Nunca olvidaré la felicidad que sentí cuando recibí este correo electrónico, el cual también les llegó a Laura y Amber:

«Con una inmensa alegría, los invitamos a asistir a nuestra Audiencia judicial para la finalización de la adopción ... el miércoles 19 de marzo del 2008 a las 8:30 am.

Kelly ha estado en nuestra familia por un poco más de siete meses y toda la experiencia ha sido extraordinaria. Nos consideramos afortunados y privilegiados por haber trabajado con todos ustedes durante este viaje hacia nuestra familia permanente (que se expandirá). Hemos aprendido una lección de humildad por la atención que le han dado no solo a Kelly sino también a nosotros como familia.

Por lo tanto, nos sentiríamos honrados si pudieran acompañarnos en nuestra Audiencia judicial para la finalización de la adopción. También estamos planeando una fiesta para celebrar la adopción en nuestra casa al final de este mes, así que hagan el favor de apartar el día 29 de marzo – las invitaciones les llegarán pronto.

Favor de RSVP, tengan por seguro que les enviaré una actualización con la ubicación final y cualquier otra información relevante para el tribunal.»

Envié mi RSVP al minuto de leer el correo electrónico. Ese día llegué un poco temprano al tribunal. Mientras esperaba en el pasillo pensé en los Señores Hewson, en Kelly y en lo felices que los tres de ellos deben haberse sentido. Justo entonces, los vi entrar al pasillo. Olivia se veía radiante con un suéter rosa y una falda negra. Jim traía un traje negro, complementado con una corbata azul brillante. Kelly se veía adorable en un jumper color aguamarina con rosas color rosa para coincidir con el suéter de su nueva mamá. En lugar de sus sandalias blancas usuales, Kelly llevaba unos zapatos de vestir nuevos, blancos y brillantes.

¡Si las sonrisas pudieran proporcionar energía natural a una ciudad, los cuatro habríamos encendido la ciudad de Nueva York sin problema!

Laura llegó poco antes de que el proceso judicial iniciara. Amber tenía otra audiencia del tribunal así que Pam vino en su lugar.

«Yolanda, estamos tan contentos de que hoy estés aquí con nosotros. ¿Nos acompañarás a almorzar cuando la audiencia termine?», preguntó Olivia mientras esperábamos al juez.

«Claro, me sentiría honrada.»

Me agaché para estar a la altura de Kelly y le pregunté, «¿Estás lista para este día tan importante Kelly?»

«Ah, sí Sra. Bryant. ¡Ahora voy a vivir con Jim y Olivia para siempre!»

Era difícil mantener las lágrimas mientras veía a estos padres convertirse en padres "oficiales". Me autodesigné como la fotógrafa, dándome cuenta de que la sala del tribunal completa era solo nuestra para este momento importante.

Normalmente, las adopciones no están abiertas al público, la familia adoptiva es la única que invita a otros al proceso judicial.

Cuando el Juez Simmons ingresó a la sala, los cuatro nos levantamos rápidamente. El juez sonrió y dijo que nos sentáramos.

«¿A quién tienen hoy con ustedes?», le preguntó el juez a Jim y Olivia mientras tomaba asiento.

«Se llama Kelly», respondió Olivia.

«Kelly, es un nombre lindo.»

Kelly le sonrió al juez.

Cuando el juez dirigió su atención a los representantes legales, Pam y Laura se presentaron. Después, les pidió a Jim, Olivia y a la trabajadora social que hicieran el favor de levantar sus manos derechas.

«¿Juran solemnemente ante la ley que el testimonio que están a punto de otorgar en este asunto es la verdad, toda la verdad y nada más que la verdad?»

«Sí, lo juro», dijeron Jim, Olivia y Pam.

«¿Cree usted que Kelly reúne los requisitos de conformidad con lo establecido por la ley para ser adoptada por los peticionarios?», el juez procedió a preguntarle a la trabajadora social.

«Sí, su Señoría.»

«¿Esto es lo mejor para su bienestar?»

«Sí, lo es.»

«¿La agencia de Servicios Sociales concuerda?»

«Sí, concuerda.»

«Gracias.»

«Srita. Dumas (GAL), usted cree que esto es lo mejor para el bienestar de Kelly?»

«Sí, su Señoría.»

«Gracias.»

«Está bien. Olivia, ¿usted es capaz de satisfacer las necesidades físicas, educativas y emocionales de Kelly?»

«Sí, su Señoría.»

«¿Puede proporcionarle un hogar adecuado?»

«Sí, su Señoría.»

«¿Tiene una situación financiera que le permite sostener a todos quienes dependen de usted?»

«Sí, su Señoría.»

«¿Alguna vez ha estado en el registro de abuso infantil?»

«No.»

«¿Tiene usted algún expediente civil o criminal?»

«No.»

Durante todo el interrogatorio, Kelly se contoneaba un poco en su silla y volteaba de vez en cuando a mirar a quienes estábamos en la sala del tribunal. Sin embargo, nunca emitió sonido alguno. Jim y Olivia la prepararon bien para este día especial.

El juez continuó con el procedimiento.

«Está bien, veo aquí que su fecha de nacimiento es el 7 de diciembre del 2003?»

«Sí, su Señoría.»

«¿Y cómo está la niña?»

«Está bien, maravillosa, su Señoría», Olivia respondió, volteando a ver y sonriéndole a Kelly.

«Me da gusto oír eso.»

Entonces el Juez Simmons dirigió su atención a Jim y le preguntó lo mismo a él. Jim fue capaz de responder de la misma manera que Olivia.

Luego el juez volteó a ver a la madre de Olivia y a mí.

«Y para aquellos familiares y amigos quienes están asistiendo a este proceso, ¿debo otorgar esta adopción?»

«¡Sí!», dijimos de todo corazón.

El juez se carcajeó en este momento y comentó, «siempre recibo la misma respuesta cuando pregunto eso.»

Se tomó un momento para hacerle a Kelly algunas preguntas.

«¿Cómo estás Kelly?»

«Bien.»

«¿Vas a la escuela?»

Kelly asentó con la cabeza y miró a Olivia para ser más clara acerca de la escuela.

«Pre-primaria», dijo.

«¿Te gusta?»

«Sí.»

«¿Tienes alguna mascota – perros, gatos, peces, alguna otra?»

«Perros.»

«¿En serio?, ¿cómo sé llaman?»

«Merlín y Abba.»

«¿En serio?, ¿son buenos perros?»

«Sí.»

«Bien. Está bien.»

El juez retomó el tema que nos ocupa.

«El tribunal declara que Kelly nació el 7 de diciembre del 2003. Ella ciertamente parece reunir los requisitos de conformidad con lo establecido por la ley para ser adoptada por los peticionarios. Los peticionarios parecen tener un buen carácter moral, tienen la capacidad para sostener y educar a Kelly y proporcionarle un hogar apropiado. En cuanto a su condición física y mental, Kelly ciertamente parece ser un sujeto apropiado para ser adoptada por los peticionarios. Lo mejor para el bien de Kelly se conseguirá por medio de la adopción. Lo mejor para Kelly y su bienestar será promovido por medio de la expedición de una sentencia final de adopción. Por lo tanto, es ordenado por el juez que una sentencia final de adopción para Kelly sea otorgada por la presente. Su nombre se cambia por la presente a Kelly (K-e-l-l-y) Louise (L-o-u-i-s-e) Hewson (H-e-w-s-o-n). Por la presente, dicha niña debe tener todos los derechos y privilegios que se le otorgan, asimismo, debe estar sujeta a todas las obligaciones de un niño de conformidad con la ley. Firmo la sentencia final de adopción en este momento.»

Mientras el juez se tomó un momento para firmar este documento, Kelly se volteó en su silla y le ofreció una gran sonrisa a su pequeño público. Luego el juez levantó la vista de sus papeles.

«Felicidades», dijo con una gran sonrisa. «Ustedes son una familia.»

Todos empezamos a aplaudir. Jim y Olivia se voltearon sonriendo, primero a Kelly, luego a quienes observábamos este feliz proceso judicial. Rápidamente siguieron los abrazos.

El juez se levantó, y con una amplia sonrisa, hizo un ademán para que esta familia recién formada fuese ante él para darse la mano y felicitarlos nuevamente.

Estuve sentada en silencio durante el breve proceso judicial. En cuanto el juez terminó su parte y declaró a los Señores Hewson y a Kelly como una familia, empecé a tomar fotografías de nuevo.

«¿Podemos tomarnos una fotografía con usted también, Señor Juez?», le preguntó rápidamente Olivia al Juez Simmons.

«Claro que sí. De hecho, Kelly, porqué no vienes y te sientas justo aquí arriba en mi lugar para poder tomar una foto.»

Tomé varias fotos de Kelly con el juez y sus nuevos papás.

«También tenemos que tomar unas cuantas contigo y Kelly, Yolanda», dijo Olivia.

No necesitaban decírmelo dos veces. Cuando salimos del tribunal, observé a una madre y un padre y una pequeña niña comenzar sus vidas como una familia permanente.

Fuimos a un hotel cercano para almorzar. Mientras esperábamos la comida, recordamos el viaje de Kelly.

«Esto es solo el inicio de una historia maravillosa. Espero que se mantengan en contacto y me cuenten cómo están los tres.»

«Obviamente lo haremos, Yolanda. Como sabes, pronto haremos nuestra fiesta para darle oficialmente la bienvenida a Kelly a nuestra familia. Esperamos que tú y tu esposo puedan venir a celebrar con nosotros.»

Al mencionar la fiesta, Kelly volteó hacia arriba apartando

la vista de la hoja para colorear que le habían dado.

«¡Ah, sí, Sra. Bryant, debe venir a mi fiesta!», interrumpió ella con una gran sonrisa.

«¡Claro que iré Kelly, no me la perdería!»

Mientras manejaba a casa ese día, mi corazón estaba lleno de gratitud: gratitud para la trabajadora social, la tutora *ad litem*, Jim, Olivia y la organización de los Defensores para los niños. Juntos, todos nosotros trabajamos para producir un milagro en la vida de un niño pequeño. Y así es como se hace, uno por uno.

Apéndice a la historia de Kelly

Jim y Olivia

La primera vez que conocimos a la Sra. Bryant fue cuando ella (junto con la GAL y la trabajadora social de Kelly) vino a entrevistarnos después de entregar nuestra solicitud para ser el hogar adoptivo con riesgo legal de Kelly. Era claro que estaba muy involucrada con Kelly y que la conocía como individuo. Nos hizo preguntas acerca de nuestra vida pero lo que más recordamos es lo que nos contó sobre Kelly.

De ella, aprendimos quién era Kelly como una persona: el tipo de actividades que le gustaban, su personalidad, su disposición y sus cosas favoritas. Nos compartió historias y anécdotas que nos ayudaron a conectar la información en el papel con la pequeña niña que nunca habíamos conocido pero esperábamos que vendría a vivir con nosotros. En pocas palabras, ella nos proporcionó una ventana para que viéramos a nuestra futura hija.

Con el permiso de la GAL y la trabajadora social, la Sra. Bryant nos enseñó una foto de Kelly. Este pequeño gesto (traer una fotografía y ofrecerla para compartirla con nosotros) hizo que nos saltaran lágrimas en los ojos. Mientras caminábamos en la casa y platicábamos, ella casualmente decía cosas como «¡A Kelly le encantan los perros. Seguro que le gustarían estos perros!» Un comentario como ese puede parecer trivial pero para nosotros, era un regalo. Estábamos nerviosos por el proceso y como no teníamos niños, estábamos temerosos y contentos por convertirnos en padres.

Después de que decidieron que Kelly sí vendría a vivir con nosotros, fue la Sra. Bryant quien nos habló específicamente para decirnos que aunque la trabajadora social y en el hogar adoptivo actual la llamaban "Kellyann", ella realmente prefería que la llamaran Kelly. Fue muy valioso que ella se tomara el tiempo para saberlo, poniendo atención a esa pequeña preferencia, y que la compartiera con nosotros para ayudar a facilitar la transición.

Durante los siguientes seis meses, la Sra. Bryant continuó visitándonos como una familia y se llevaba a Kelly de paseo. Era considerada y respetuosa con nosotros como familia pero nos ofrecía consejos y sugerencias cuando se le preguntaba. Ella fue la transición del primer hogar adoptivo de Kelly, a nosotros como un hogar adoptivo, a nosotros como padres adoptivos legales.

Kelly venía de una circunstancia difícil con sus padres biológicos y de un hogar adoptivo con sus propios retos. Kelly siempre vio a la Sra. Bryant como una dama linda que pasaba tiempo con ella, le preguntaba de sus cosas y cómo se sentía. Aún siete años después, Kelly todavía recuerda los paseos que tomaron juntas y cuánto cariño y calidez recibió de ella.

Durante varias audiencias judiciales, era evidente que la opinión de la Sra. Bryant y su relación con Kelly eran respetadas y valoradas. Considero que la Sra. Bryant cambió la vida de Kelly, así como la nuestra. Gracias a ella, Kelly siempre fue una persona, un individuo y no solamente otro caso. Ayudó a que, por seguro, Kelly encontrara un hogar que encajara perfecto con ella en la vida real, no solo en el papel, y le ayudó en la transición a ese hogar. Para nosotros fue, y siempre será, una querida amiga de la familia que siempre será parte de nuestra historia familiar.

Kelly

¡Hola! Me llamo Kelly y les voy a contar acerca del tiempo que pasé con la Sra. Bryant. Estoy muy contenta de hablar de ello.

Primero que nada, recuerdo que una vez me llevó a un lago, estanque o algo así. El agua estaba muy clara. Trató de hacer que me metiera pero me dio miedo. Así que solo metí las puntas de mis pies. Como que me arrepiento de no haberme metido pero puedo volver a ir para remar en el lago. Ese paseo fue divertido.

Luego me llevó a "*Rattlesnake Hill*" (Valle de las serpientes de cascabel) y caminamos y platicamos por un ratito. Por suerte, no había serpientes de cascabel cuando fuimos.

Cuando venía por mí, me ponía muy contenta. ¡Siempre estaba dispuesta a salir! Me llevó a tantos lugares. Me ponía triste cuando regresaba. Como la vez que me llevó a la casa de mis padres (en la que vivo ahora). Estaba llorando porque no quería irme.

Por último, recuerdo que me sentía realmente especial cuando salía con la Sra. Bryant, porque ella no paseaba con los otros niños adoptados. Aunque estaba triste por dejar la casa de mis padres biológicos, ella hacía que no pensara tanto en eso.

Epílogo

A medida que pasan los años, continúo teniendo noticias de la familia Hewson por correo electrónico y fotografías. Eventualmente, adoptaron a una segunda niña, Ava, de Rusia, dándole a Kelly una hermana. Me entero de la escuela y lo bien que le va a Kelly en sus clases. Me mandan fotografías de Kelly con Merlín y Abba, así como imágenes de Kelly con Ava. Mis fotos favoritas son las de toda la familia con expresiones sonrientes y felices.

En el año 2012, Olivia me envió este conmovedor mensaje por correo electrónico:

«He aquí una historia divertida. Recientemente, salió en una conversación con la maestra de tercer grado de Kelly que es adoptada. Mencioné que había sido una niña bajo tutela del estado cuando era un infante. Se quedó perpleja. En parte, porque se parece tanto a mí pero sobre todo, porque simplemente no podía creer que un niño que tuvo una situación inicial como la de Kelly pudiera convertirse en uno de sus estudiantes más cortés, apreciado y brillante (obviamente Kelly obtiene solo "A" [equivalente a 10]). ¡Estoy segura de que estará fascinada al leer tu historia cuando la termines! Esa es la diferencia que hiciste en la vida de Kelly. ¡¿Qué habría pasado con ella si no hubieras estado allí cuidándola?!»

Me recordó una vez más la razón por la que continúo siendo voluntaria de los Defensores para los niños. He otorgado un apoyo cariñoso y fuerte a niños que sufren vuelcos en sus vidas, sin ser su culpa. No importa de qué tipo de hogar viene un niño, el hecho de que personas extrañas los retiren de todo lo que conocen como familia puede ser devastador. Para un niño, un defensor es un regalo que nunca puede ser evaluado completamente. El ser un defensor es un regalo que siempre atesoraré.

Visitando el salón de juegos de la oficina de los Defensores para los niños

En la feria con la Sra. Bryant

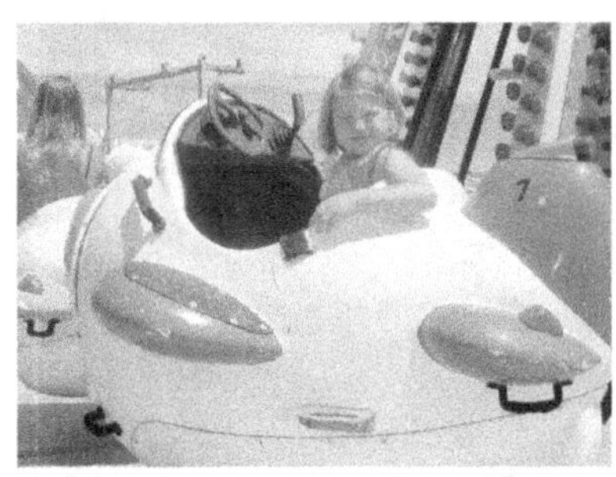

Día de la adopción

Kelly nunca se vio tan feliz y todos quienes estuvimos involucrados en ese día especial no podíamos dejar de sonreír.

Hogar permanente

Merlín y Abba se convirtieron en amigos de Kelly al instante.

Kelly con Ava, su nueva hermana de Rusia.

Además de ser hermanas, Kelly y Ava se convertirían en las amigas más queridas.

A las niñas les encanta hablar con un acento británico, para copiar a su papá. Su mamá siempre está orgullosa de hablar acerca de los éxitos de sus dos hermosas hijas.

Las diversas facetas de los Defensores para los niños

Muchas personas no están familiarizadas con los Defensores especiales designados por el tribunal. Esta es una recopilación de pensamientos y experiencias compartidos por los voluntarios de los Defensores para los niños. Muchos de estos relatos son de mujeres, lo que refleja la proporción entre mujeres y hombres voluntarios de los Defensores para los niños. Los defensores siempre esperan encontrar más hombres voluntarios, ya que muchos niños se podrían beneficiar de la influencia de un hombre adulto afectuoso.

Como se mencionó en el relato acerca de Kelly, los voluntarios se capacitan por treinta horas antes de que se les asigne un caso. Lo primero y más importante que nos enseñan a los futuros voluntarios es que los niños y las familias con quienes trabajamos tienen el derecho de una total privacidad. Esto significa que no mencionamos nombres, lugares o acontecimientos cuando el caso está en progreso. La única persona con la que tratamos los detalles es nuestro supervisor de la oficina de los Defensores para los niños. Una vez que el caso está cerrado, si una familia da su permiso para compartir información, entonces se podrá hacerlo (como en el anterior relato acerca de Kelly). En las siguientes páginas mostramos algunos ejemplos. No revelamos detalles específicos, aunque los casos en su mayoría están cerrados. Seguimos respetando la privacidad de los niños y las familias.

Una pregunta que nos hacen frecuentemente es: «¿Cuántas

horas al mes dedica un voluntario a este trabajo?» Es muy difícil responder, cada caso es diferente. Si un niño está en una situación difícil, con problemas en un hogar o con otra persona, entonces las visitas se pueden realizar más de una vez a la semana. Si la situación del niño es estable y segura, una visita semanal puede ser suficiente. Después de hacer la misma pregunta a todas las personas que entrevisté, la cantidad promedio de horas por mes fue once. ¡Qué poco tiempo para poder cambiar tanto la vida de un niño!

Después de que los voluntarios son capacitados, se requiere que obtengan doce horas de créditos de educación continua por año. Los créditos se pueden obtener leyendo un libro trascendente y discutiéndolo en grupo, viendo una película sobre los temas elegidos por la oficina de los Defensores para los niños o como invitado a cursos de capacitación ofrecidos en todo el condado para trabajadores sociales, tutores *ad litem* y voluntarios. Obtenemos muchas herramientas valiosas para trabajar de manera eficaz con niños y adultos que pudieran sufrir discapacidades físicas, mentales y emocionales. Los voluntarios encuentran útiles estas herramientas en cada aspecto de la vida, ya sea trabajando con otros o en el hogar.

Una defensora comentó, «Me apena porque entre mi horario de trabajo y darle mi tiempo a mi pequeño niño de los Defensores para los niños, solo he participado en un par de sesiones de capacitación.»

A lo que yo respondí: «No debes apenarte por nada. Lo más importante que puedes hacer es ser parte de la vida de ese niño. A ellos les importa poco cuál "capacitación especial" estés tomando. Los emociona el que formes parte de su vida y el tener a alguien en quien confiar. No se necesita capacitación para saber cómo amar.»

Stephanie

Amo a los niños pero no tengo propios, entonces cuando supe de esta organización y las personas que estaban cambiando las vidas de los niños, me entusiasmó la idea de poder ser parte de esto. Quería ayudar a hacer un cambio en la vida de un niño. Los relatos de mi amiga fueron lo que me inspiró a unirme. Escuché relatos de niños que venían de situaciones terribles que iban a nuevas familias amorosas. Vi fotografías de los niños sonriendo, incluso después de todo el dolor que habían sufrido. Estos niños me inspiraron y me hicieron querer ser parte de los Defensores para los niños.

Soy la defensora de Sam desde hace tres años ya. Una de las cosas que hemos hecho de manera habitual es disfrutar una comida juntos, además de algunas otras actividades. Cuando conocía a Sam por primera vez era muy introvertido y tímido, y le costaba mucho trabajo incluso hablar con las personas. Cuando íbamos a restaurantes muchas veces yo pedía la comida por él, ya que hablar lo ponía muy nervioso. Con el tiempo superó su timidez. Ahora también tiene muy buenos modales. Siempre le dice a las personas: «Sí, por favor» o «No, gracias».

En una ocasión que fuimos al restaurante *Red Robin*, pidió su comida y agregó, «Sí, por favor» y «Gracias» a la mesera. Ella le agradeció a Sam haciendo hincapié en sus buenos modales. Le dijo que era alentador encontrar a un joven con tan buenos modales como él. Su respuesta fue: «Gracias». Mantuvo una sonrisa el resto de la comida.

Recientemente fui al *Club Boys & Girls* (Club para niños y niñas) a recoger a Sam para una visita. Mientras salíamos del edificio dijo, «Tengo que ir por mi bicicleta. Está encadenada afuera».

Le pregunté, «¿Cómo, tu bicicleta?»

Sam estaba por cumplir catorce años entonces, y nunca le habían enseñado a andar en bicicleta, por lo que el hecho de que estaba andando en bicicleta era un tanto sorprendente.

Fuimos a la banca donde estaba la bicicleta. Tenía un candado de combinación, un casco y una impresionante bicicleta de montaña color blanco. Era el tipo de bicicleta en la que cualquier joven estaría orgulloso de subirse.

Después de que Sam tomó su bicicleta, nos dirigimos al restaurante, el cuál no estaba lejos. Yo iba caminando al lado de manera que pudiera ver a Sam con su bicicleta. Se subió y empezó a pedalear. Se adelantaba una cuadra y regresaba a donde yo estaba, todo con una gran sonrisa en la cara.

Sam y yo habíamos hablado de bicicletas muchas veces en los últimos tres años, y siempre había insistido en que tenía mucho miedo de aprender. Sin embargo, ahí estaba, andando en bicicleta en la banqueta él solo. Sam me dijo que aprendió él mismo unas tres semanas antes de esta visita.

«¿Qué te hizo decidirte a aprender después de todo este tiempo?», le pregunté.

«Estaba cansado de ser el único en mi grupo de amigos que no podía ir en bicicleta al parque. Entonces un día decidí aprender solo.»

La determinación y orgullo que Sam mostró hizo que esa visita en particular fuera digna de ser recordada. Este joven que había sufrido tanto en su corta vida se estaba probando a sí mismo que podía superar los obstáculos.

He sido voluntaria por casi cuatro años. Ahora soy más tolerante con las personas en general. Echar un vistazo a la vida de otras personas me ha enseñado a no juzgar tan rápido. Actualmente comprendo porqué los adultos y niños por igual se comportan de cierta manera. Tengo más confianza en mi capacidad para trabajar como Defensora para los niños. He aprendido que estos niños, quienes han sufrido tanto dolor, siguen siendo niños que quieren reír, jugar y divertirse.

Algo de este trabajo que me preocupaba al principio era redactar los informes. Los informes del tribunal pueden ser un reto, debido a que mi intención es proporcionar datos precisos. Sin embargo, sé que los informes son necesarios para proporcionar la mejor representación de los hechos en defensa de los niños.

Aprecio la oportunidad de ir al tribunal, debido a que disfruto ser la voz del niño. Me alegra ser capaz de expresar lo que el niño necesita y desea en una sala llena de profesionales. Saber que estás representando a un niño que no puede representarse a sí mismo da fortaleza. Al principio, me ponía nerviosa al hablar en frente de un grupo de personas. No obstante, cuando recuerdo que estoy defendiendo a un niño, es mucho más fácil hablar y mi nerviosismo desaparece bastante rápido.

Al laborar con los tutores *ad litem* y trabajadores sociales, conocí a varios profesionales que trabajan apasionadamente con los niños y en lo que están haciendo. No siempre estoy de acuerdo con las decisiones que toman pero me parece que son respetuosos cuando escuchan mi punto de vista. Los magistrados del tribunal escuchan lo que digo. Siempre agradecen a los Defensores para los niños el trabajo que hacemos y las horas que invertimos en el caso. Me hacen sentir orgullosa del trabajo que hemos hecho. El trabajo no siempre es fácil, ya que algunas veces ves y oyes cosas terribles. Esas cosas te afectan, hacen que sea importante escuchar incluso un simple «gracias» de las personas que trabajan en las instituciones legales.

Otro grupo de personas con quienes trabajamos son las familias adoptivas. En general, las familias adoptivas con las que trabajo estaban muy abiertas a mis preguntas e interacciones con sus niños adoptados. Solo conocí a una madre adoptiva especialmente difícil. Aunque esta mujer sabía lo que eran los Defensores para los niños, se negó a contestar mis preguntas o a cooperar de cualquier manera, incluso se negó a dejarme ver dónde dormía el niño. Descubrí que había sido una madre adoptiva por más de veinte años. En parte, esto podría ser la razón por la que parecía cansada e indispuesta.

Alguna vez me dijo, «Sé cómo son las cosas con estos niños y no aguanto tonterías de ninguno de ellos». Esta actitud hizo que el niño a quien defendía rara vez se metiera en problemas pero tampoco nunca recibió una buena palabra o elogio de esta madre adoptiva.

A veces, mi mayor preocupación son los padres de mis niños. La razón tras esto es que estás tratando con niños que han sufrido abuso o abandono. Al leer los informes sobre las acusaciones contra estos padres es fácil formarte una opinión acerca de ellos antes de conocerlos. Es difícil ser objetiva cuando necesitas hablar con ellos. Lo manejo tratando de ser considerada con los padres. Los que conocí habían tenido vidas duras y estaban tratando de hacer las cosas lo mejor que podían. Una madre estaba viviendo en malas condiciones y compartía el lugar con otra dama. Decidí llevar una pizza una noche que fui de visita. Quise que sintieran que estaba consciente de sus dificultades y que deseaba ayudarles con este pequeño gesto de llevar la cena. Tratando de que el padre también se abriera, le pedí que para nuestras visitas nos viéramos en un *Starbucks*, donde al menos podría invitarle una taza de café. En ese caso, fui la primera persona en mostrar un interés genuino por sus sentimientos en lugar de solo verlo como el tipo malo. De hecho, después de un tiempo, todos los que estábamos involucrados en el caso empezamos a ver que el padre realmente tenía más a su favor que lo que se había indicado al principio. Al hacer este trabajo, trato lo más posible de ser empática y ponerme en los zapatos de cada persona.

Los niños que conoces como una Defensora para los niños cambiarán tu vida. Me involucré en esto debido a que quería ayudar..., pero muchas veces siento que yo aprendo más de los niños que ellos de mí. Estos niños te inspiran y enseñan cómo ser más fuerte tú misma. Debido a la naturaleza de los casos, tendrás días difíciles y tal vez incluso derrames algunas lágrimas de tristeza. Sin embargo, la primera vez que un niño dice algo como: «Gracias por ser buena conmigo», estarás completamente comprometida.

Anita

Hace poco hablaba con la madre adoptiva de una niña pequeña a quien yo había defendido. Me dijo que la escuela de su hermano mayor había instituido una distinción de honor en la graduación. Esta distinción debía ser para alguien que hubiera dejado una huella en tu vida y que no fuera un pariente.

Mi pequeña niña volteó hacia su madre y dijo: «Ya sé a quién le daré esa distinción de honor cuando me toque.»

«¿Y a quién será?», preguntó la madre.

«Mi defensora, Anita.»

Ese tipo de comentarios hacen que tu trabajo valga la pena.

Estoy en mi noveno caso ahora y me siento muy afortunada. Excepto por un caso, cada niño fue colocado con una familia que sentí que era la mejor para él. Me mantengo en contacto con la mayoría de los niños, por lo que tengo confianza en la colocación. Una vez que entras en sus vidas, es difícil desaparecer.

Mi caso más difícil duró cinco años. Eran cinco niños. El tratar con los padres fue todo un reto. No me di cuenta de qué tanto los padres estaban abusando de los niños hasta mucho después. Dado que soy obstinada y tengo la ley de mi lado, pude ver a los niños semanalmente a mi conveniencia. Idealmente los padres abusivos sufren las consecuencias, sin hacer daño a los niños en el proceso. En este caso, el abuso fue mucho peor de lo que se pensaba. El trabajador social les retiró a los niños después de muchas visitas y con varias agencias apoyándolos. Tuvieron que ser enviados a tres hogares adoptivos.

De los cinco, la más pequeña fue a un buen hogar adoptivo y ahí prosperó. Tiempo después un pariente la adoptó y allí sigue hasta el día de hoy. Los dos mayores fueron colocados en un hogar adoptivo que no funcionó y pasaron a otro hogar adoptivo. Ninguno de estos hogares fue bueno para los niños. Sin embargo, seguíamos pensando que el caso se cerraría. ¿Valía la pena colocarlos en otro lado? En el segundo hogar, los dos niños más grandes podían ver a sus hermanos en la escuela cada día. Me sentí muy feliz y aliviada cuando los dos mayores fueron colocados en un hogar permanente con parientes.

Los hermanos medianos fueron a un hogar adoptivo donde empezaron a tener prejuicios. Estuvieron ahí durante más de un año antes de pasar al hogar de su tía, donde fueron adoptados. Estos tíos también habían adoptado a los dos mayores. Esto significa que, de la noche a la mañana, los tíos pasaron de tener un niño, su propia hija biológica, a tener cinco. Este caso también fue muy difícil debido a que la colocación estaba fuera del estado. Desgraciadamente, poco después de que los niños fueron adoptados, los tíos se divorciaron.

El desenlace final fue que los cuatro niños más grandes están juntos viviendo con una mujer que tiene todo mi respeto y admiración. ¿Imaginan tratar de meter siete personas en un automóvil? Sus vidas cambiaron inmediatamente. Para complicar aún más las vidas de estos niños, la tía está ahora en el extranjero debido a que pertenece al ejército de los Estados Unidos. Los niños están en un hogar permanente y tienen buenos parientes a su alrededor, aunque siguen teniendo problemas por el abuso que sufrieron antes.

Cuando me siento frustrada por cómo van las cosas a veces, me acuerdo de que estoy ahí por los niños. Nos aseguramos de que su bienestar, su seguridad y su futuro sean nuestra única prioridad. Si hay algo que me preocupe, voy con mi jefa en la oficina de los Defensores para los niños. Algunas veces presenta una solución; otras veces solo hablamos de ello.

Disfruto trabajar con los representantes del tribunal. Todas mis experiencias hasta ahora han sido positivas. Trabajo con diferentes trabajadores sociales y tutores *ad litem*. Uno en particular ha probado ser leal, honesto y divertido. Trabajamos bien juntos. Todos ellos me tratan con respeto y muestran aprecio por mi trabajo. Cada magistrado que he conocido ha sido admirable. El decidir el destino de un niño dentro de los límites de la ley mientras eres considerado con los padres debe ser difícil. Por otra parte, con frecuencia me siento frustrada, ya que cuando me doy cuenta de la situación quiero que el juez o magistrado coloque a los niños inmediatamente donde creo que necesitan estar.

Siempre estaré contenta de que mi hijo regresara de un evento de los Defensores para los niños para recaudar fondos y decidiera hablarme y contarme acerca de ello. Le diría a aquellos que piensan en este trabajo que se necesitan muchos defensores. ¡Sean fuertes! Esto enriquecerá su vida.

Kevin

Justin tiene cinco años de edad. Su hermano de ocho años tuvo que mudarse a Florida en diciembre de 2013 para vivir con su abuela materna. Justin está viviendo con sus abuelos paternos. A Justin y Jared los sacaron de su hogar en febrero del 2013 y he sido su defensor desde marzo del 2013.

A pesar de no ver a su madre desde hace casi dieciocho meses, ver a su padre solo una o dos veces a la semana y que su hermano vive en Florida, Justin sigue siendo feliz, amoroso y positivo. Cuando voy a verlo o a recogerlo, siempre me pregunta por mi hija, con quien se ha reunido varias veces. Siempre quiere jugar en las maquinitas de videojuegos o ir a ver una película. Cuando me voy después de la visita, me deja sin palabras cuando me grita, «¡Te quiero, Sr. Kevin!», mientras se mete corriendo. Este pequeño niño de cinco años me ha enseñado más acerca de la fortaleza y una actitud positiva que lo que hubiera podido aprender en cientos de libros.

Afortunadamente, trabajando en mis casos, las dos familias

adoptivas fueron estupendas para los niños y me mantuvieron bien informado sobre su condición. En especial aprecié esto cuando tenía que estar fuera de la ciudad por trabajo. Los padres adoptivos son realmente héroes para los niños bajo su cuidado y sus opiniones se deben valorar mucho más de lo que a veces se hace.

Comprendo que los trabajadores sociales y tutores *ad litem* están agobiados con una gran cantidad de casos; sin embargo, me di cuenta que ellos por lo general abordan los casos con poca urgencia y poca consideración hacia las opiniones de los padres adoptivos o el defensor. Estando en el tribunal, me disgusta escuchar los acrónimos que se dicen acerca de cada caso y el lenguaje de trabajo social que se utiliza de manera tan clínica con respecto a cada niño y su caso. Aunque sí creo que el magistrado realmente quiere escuchar mis opiniones.

Supe de este trabajo a través de un amigo y he sido un Defensor para los niños durante casi tres años. En otras condiciones, he trabajado con niños durante años. Luego encontré esta organización donde pensé que realmente podría influir en el futuro de un niño. Después de aprender más, me di cuenta que los niños en el sistema de asistencia social sufrían las peores penurias imaginables y que tenían una necesidad desesperada de ayuda para poder tener estabilidad y seguridad en sus vidas. Ahora que he sido un defensor por un tiempo, pienso que el trabajo es incluso más importante de lo que pensaba al principio. No tenemos otra motivación que la seguridad y el bienestar de cada niño —algo que no es necesariamente así para otros involucrados en los casos de los niños.

En uno de mis casos, traté con un niño, su madre y su abuela. Después de un año, el hijo pudo regresar con su madre. Sentí que este desenlace era adecuado y que la madre realmente trataba de darle un giro a su vida, con la ayuda de la intervención permanente de la abuela en sus vidas.

Mi consejo para este trabajo voluntario es hacerlo con

la pasión de ayudar a un niño. No temas dar tu opinión a cualquier profesional en cualquier momento. Ellos pueden tomarlo mal, pero tú puedes hacer mucho por un niño que necesita apoyo.

Andrea

Durante los últimos veinte meses, tuve el privilegio de ser la voluntaria de los Defensores para los niños para Lacy, de cuatro años de edad. Una tarde de junio, llegué al hogar adoptivo de Lacy a la una de la tarde para llevarla a un zoológico infantil. Toqué el timbre y la madre adoptiva de Lacy abrió rápidamente la puerta y me saludó. Vi a Lacy mirando a escondidas desde la esquina de las escaleras.

«¡Mi Andrea!», gritó, corriendo hacia mí para darme un gran abrazo. «¡Hoy nos vamos a divertir!»

Aunque Lacy decía estas mismas palabras casi cada vez que la recogía, nunca me cansé de escucharla decirme lo bien que la íbamos a pasar juntas o de oírla llamarme «mi Andrea.»

«¡Hola, Lacy! ¡Vamos a pasar un buen rato! ¡Estoy feliz de verte! Me gustan mucho tus mallas moradas y tu camiseta de flores.»

«Ella estaba lista desde las ocho de la mañana porque estaba muy emocionada de ir al zoológico infantil contigo. Y escogió su propia ropa, dijo que se acordaba que tu color favorito es el morado.»

Ser amiga y defensora de Lacy me dio tanta alegría en mi vida.

A los dieciséis, fui voluntaria en el *Tennyson Center for Children* (Centro Tennyson para niños) en un proyecto de servicio social organizado por mi escuela preparatoria. Fue esta experiencia la que me hizo darme cuenta de mi pasión por ayudar a niños que han sufrido abuso y abandono. Hace un par de años, busqué en Internet oportunidades para ser voluntaria con niños y encontré el sitio de los Defensores especiales designados por el tribunal. En cuanto leí acerca de ellos, también conocidos como Defensores para los niños, supe que tenía que trabajar con ellos. Fui a la capacitación una semana después.

Nunca he sido voluntaria en algo donde mi aportación fuera tan valiosa como lo es en mi trabajo como defensora. Los informes para el tribunal son un elemento esencial en la defensa de los niños que represento. Es la única forma de que se escuchen nuestras recomendaciones y preocupaciones en la sala del tribunal. Disfruto escribir estos informes porque sé que los leerán el magistrado y muchos otros profesionales quienes están tomando decisiones cruciales que cambiarán la vida y el futuro de estos niños.

Fuera de que el tribunal se retrase y tenga que esperar bastante tiempo para que algunos de mis casos se examinen, me gusta mucho participar en estas audiencias. Me gusta presumir de los niños que represento cuando las cosas van bien y también creo que es necesario que todos los profesionales oigan mis preocupaciones y las de otros cuando algo no está yendo bien. Creo que es útil tener a todas las personas encargadas de tomar decisiones en una sala junto con el magistrado. Las audiencias judiciales son un buen momento para tratar de que todos cuenten con la misma información con respecto al caso.

La familia adoptiva de Lacy era increíble. Cada vez que los visitaba era bienvenida y eran muy respetuosos y comprensivos del proceso judicial. Mi experiencia con esta familia adoptiva me hizo estar agradecida de que Lacy hubiera sido colocada ahí.

Al ser voluntaria de los Defensores para los niños, constantemente me viene a la mente lo fuertes que son estos niños. Son supervivientes. Han pasado por cosas que la mayoría de los adultos nunca experimentan, y a pesar de eso, al final del día, siguen siendo niños que quieren ser niños. Mis impresiones hacia este trabajo cambiaron en el sentido de que ahora me centro en ver a los niños que defiendo como niños y no como víctimas de abuso. Sus experiencias moldean las personas en que se convertirán, pero el abuso y el abandono no los definen. Son niños con personalidades, metas, sueños, gustos, aversiones y deseos. Considero que soy una mejor voluntaria de los Defensores para los niños cuando soy capaz de centrarme en esta parte de mis niños.

Para terminar quiero darles este consejo: Confíen en sus instintos. Si algo huele mal, probablemente está mal. ¡Y nunca sientan que están solos! El personal de los Defensores para los niños ofrece amplia orientación y siempre son muy serviciales para trabajar a su lado en sus casos.

Bryan

Aunque soy un voluntario nuevo con los Defensores para los niños, empecé hace poco menos de un año, vi a mi madre hacer este trabajo. Ella se convirtió en voluntaria cuando se retiró. Yo sabía que quería hacer algo significativo, y dado que aprecio a los niños, los Defensores para los niños parecían ser una buena opción. Me di cuenta que me encanta este trabajo, incluso más de lo que pensé. Seguro, ir al tribunal no es algo que particularmente disfrute, ya que es un momento triste. Nadie está ahí por motivos felices. No obstante, sé que es importante ir. Me asombra continuamente la calidad de las personas y el tiempo que cada quien ofrece para ayudar. Hay algunos trabajadores sociales y tutores *ad litem* increíblemente generosos y maravillosos en el mundo. A veces tienes que involucrarte en algunas situaciones desagradables para comprobarlo. Creo que los magistrados hacen un trabajo extraordinario manejando mucha información para llegar a la verdad y tomar decisiones tan justas como sea posible.

Con mi primer caso tuve un conflicto, porque quería que

los padres hicieran lo que supuestamente debían hacer. Sinceramente los estaba apoyando pero es muy descorazonador verlos decir una cosa y luego hacer otra. Traté de mantenerme centrado en los niños. Una cosa en la que siempre hago hincapié con los niños que defiendo es la educación. Cada vez que iba a recoger a los tres niños, de seis, siete y nueve años de edad, les preguntaba cómo iban las cosas en la escuela, cómo les iba en clase y sobre sus exámenes recientes, entre otras cosas. Aunque al principio estaban totalmente desconcertados por estas preguntas y no estaban seguros si era en serio o cómo responder, creo que les hice entender una lección importante. Recuerdo una conversación con uno de los niños la tercera vez que los llevé a una actividad divertida.

«Bryan, ¿qué día es pasado mañana?», preguntó el niño.

«Pasado mañana es miércoles», contesté.

«¿Puedes regresar y recogernos mañana... y el miércoles... y... y... todos los demás días?», me preguntó ella.

Fue muy gracioso y conmovedor saber que realmente quería estar conmigo.

Quería estar seguro de que estos niños tuvieran a alguien que les dijera que aprender y trabajar duro en la escuela es muy importante, y que ellos podían hacerlo. Al principio, solo querían escuchar el radio o algo del hip-hop de antes que les ponía. Eran bastante fanáticos de *Run-DMC*. También estaban interesados en cualquier actividad divertida que planeara, pero les insistí que camino a la actividad cada uno tenía que contarme cómo iban las cosas y tres cosas que hubieran aprendido en la escuela. Si lo hacían, entonces podíamos divertirnos y cantar algo del hip-hop viejito.

Después de haber compartido sus logros en la escuela y las cosas que habían aprendido, los elogiaba y les recalcaba que eran niños listos y que, si trabajaban duro en la escuela, podrían ser los mejores de su clase y hacer todo lo que quisieran. Para mí, lo más gratificante fue que después de un tiempo dejaron de insistir en escuchar la música inmediatamente o platicar de cualquier cosa, y por el contrario hablaban de todas las cosas que habían aprendido en la escuela y lo bien que estaban y todo eso. Fue fabuloso oír a los tres niños decir, «Soy bueno en matemáticas» o «Soy realmente bueno en ciencias», ya que sin esa confianza en sí mismos sería poco probable que alcanzaran grandes metas. Era maravilloso oírlos decir estas cosas en voz alta creyendo que pueden y deben ir bien en la escuela. Los niños fueron increíbles durante todo el caso, y el feliz resultado es que los abuelos procurarán adoptar a tres nietos maravillosos.

Mi consejo para quienes quieren ser un Defensor para los niños es: ¡Háganlo! Solo inténtenlo. Parece más difícil de lo que realmente es. No es que no sea difícil pero superas los obstáculos, ayudas a los niños a superarlos también y todos aprenden de ello. Es una experiencia asombrosa y gratificante. ¡Los tres niños a quienes representé y tuve la gran suerte de llegar a conocer son ciento por ciento maravillosos!

Josiane

Tuve el privilegio de ser la voluntaria de los Defensores para los niños asignada a Lucas durante los últimos tres años, desde que solo tenía tres meses de edad. Su madre era adicta a las metanfetaminas cuando se abrió su caso. Pensamos que se estaba recuperando, ya que lo más importante en su vida era corregir el rumbo de manera que pudiera reencontrarse con su hijo. Durante un paseo supervisado con los dos el día de San Valentín, la madre tuvo un episodio de abstinencia, lo que me llevó a notificar al Departamento de Servicios Humanos. Se tomó la decisión que yo supervisara todas las visitas en el Departamento de Servicios Humanos en vez de salir a paseos. Durante una de mis visitas supervisadas en el lugar, me acerqué para abrazar a la madre, como siempre lo hacía, justo después de haber recogido al pequeño Lucas de su hogar adoptivo. Él tenía ocho meses de edad en ese entonces.

«Hola, ¿cómo estás?», le pregunté.

«No puedo seguir con esto» me dijo, recargando su cabeza en mi hombro y empezando a llorar. «Necesito ayuda. ¿A dónde puedo ir?»

«¿Quieres decir que quieres ir a rehabilitación por tu adicción?»

«Sí. Pensé que sería más fácil, pero no lo es.»

«Quiero ayudarte y verte salir adelante para que tú y Lucas puedan estar juntos. Déjame hacer algunas llamadas para ver qué hay disponible.»

«Muchas gracias. No tengo a muchas personas en mi vida que puedan ayudarme. Ya no puedo volver a caer.»

«Tienes un equipo que quiere que salgas adelante por tu bien y el de tu hijo. Sé fuerte. Te llamaré mañana para decirte qué opciones hay. Por ahora, abraza y ama a tu bebé.»

Busqué centros de rehabilitación enseguida. Logré encontrar varias oportunidades de rehabilitación para ella. Sin embargo, antes de que pudiéramos arreglar algo, la madre desapareció y estuvo huyendo durante tres semanas. Dado que no pudo hacer cambios por mucho tiempo, se procedió a la extinción de la patria potestad. La amorosa familia adoptiva, que lo cuidó desde que tenía tres meses de edad, adoptó al pequeño Lucas. La buena noticia es que su madre biológica finalmente se entregó y fue puesta en un programa donde, al día de hoy, ha podido manejar su adicción.

Inicié mi trabajo con los Defensores para los niños hace unos ocho años. Mientras investigaba la posibilidad de ir a la escuela de derecho, encontré información acerca de esta organización. Obtuve un título de desarrollo infantil que ejercí solo por dos años, después decidí regresar a la escuela para sacar un título en administración y luego seguí una carrera en alta tecnología. Siempre eché de menos hacer algo que estuviera dirigido a los niños. Combinado con mi interés de ir a la escuela de derecho, pensé que era una buena forma de acoplar ambos intereses. Ciertamente disfruto asistir al tribunal. Cada vez que voy aprendo algo nuevo. Ser parte de un equipo jurídico brinda una clara visión de qué desenlaces esperar. En ocasiones, acudir al tribunal pone a las familias en una posición de incertidumbre, lo cual causa mucha angustia emocional. He sido afortunada al poder laborar con muchos trabajadores sociales y tutores *ad litem* fabulosos. Con frecuencia puedo trabajar con las mismas personas en diversos casos; esto hace que el proceso judicial sea más fácil. Algo muy positivo de nuestra magistrada es que ella fue una Defensora para los niños mientras estudiaba derecho, por lo que siempre sentimos que respeta nuestro papel en el tribunal y, más importante aún, que lee nuestros informes.

Le aconsejaría a aquellos que están considerando este trabajo que usen todos los recursos a su alcance y no tengan miedo de hacer preguntas.

Shondra

Me sentí atraída a mi último caso por un motivo personal. A este adolescente que elegí defender le habían practicado el mismo tipo de cirugía cerebral que me habían hecho a mí no hace mucho. Desgraciadamente, sufrió un derrame cerebral por la cirugía que lo dejó con una discapacidad mental. Se encontraba en el sistema de niños bajo tutela del estado y las cosas no se estaban haciendo de la mejor manera dadas sus necesidades especiales. Al instante me convertí no solo en su defensora sino también en un «león en su esquina». Puedo ser muy clara y directa, y cuando sentí que a este joven no se le tomaba en cuenta o querían dejar de tener esa responsabilidad pasando a la opción más fácil, les hice saber que eso estaba mal.

Ahora, debo decir que estoy impresionada con las familias

adoptivas que he llegado a conocer. No lo hicieron por el dinero, sino porque realmente se preocupaban por los niños que adoptaban. Sin embargo, el sistema ha fallado en darles a estas buenas familias adoptivas el apoyo que necesitan. Los Servicios sociales les dirán una y otra vez, «Sí, lo veremos. Ya les avisaremos». No obstante, con frecuencia las familias no obtuvieron una respuesta.

A veces casi dejé este trabajo, estaba tan molesta con la forma en que el sistema funcionaba y con las decisiones que se tomaban para mi niño con necesidades especiales. Una parte de mi entendía que cada trabajador social y cada tutor *ad litem* tienen que revisar muchos casos. Sin embargo, mi lado materno decía: «No me importa cuántos casos tenga alguien; este niño es importante y quiero a todos involucrados para darle el tiempo y atención que se merece, para que se puedan tomar las mejores decisiones a su favor.» A su tiempo, encontraría algo de esperanza cuando el magistrado escuchara lo que tenía que decir antes de tomar las decisiones finales.

Cuando me siento desalentada acerca de mi capacidad para ayudar a este joven, me recuerdo a mí misma que fui guiada a los Defensores para los niños por un poder superior a mí. Había estado rezando para saber lo que Dios querría que hiciera para ayudar a otros. Fue entonces que recordé algunos folletos que recibí acerca de los Defensores para los niños, y poco después recibí un correo electrónico de Stacey, una supervisora de los Defensores para los niños, sobre un curso de capacitación que iban a ofrecer. Supe que había sido guiada a una oportunidad que no podía ignorar.

Cada vez que hablo con un amigo acerca de este trabajo, lo primero que le digo es lo mucho que los Defensores para los niños necesitan más voluntarios varones, para que varios niños pudieran verse influidos positivamente por un modelo a seguir masculino y fuerte. También le digo que siempre hay que centrarse en el niño. No dejar que las políticas te desanimen.

Es el niño quien te necesita. Como con el joven en mi último caso, si yo no hablara por él, ¿quién lo haría? Además, hay que asegurarse de tomar notas acerca de todo lo que pase con un caso. Mantener las cosas bien documentadas. Y por lo que más quieran, ¡no tener miedo de combatir al sistema cuando se necesite!

Marty

Estaba en una feria de voluntariado en Colorado cuando supe acerca de los Defensores para los niños. Vi a esta organización como una forma continua de lograr un efecto positivo luchando desde las trincheras.

En uno de mis casos, fue extremadamente fácil trabajar con la familia adoptiva. Me recibieron en su hogar y me dejaban ver a los niños cuando quisiera. Tratar con los padres de los niños era tanto frustrante como gratificante. Pude facilitar actividades de enriquecimiento para los niños, a las cuales asistían uno o el otro, tales como visitas al zoológico o al museo, salidas a lugares con brincolines, actividades en bicicleta y visitas a parques infantiles. Tuve la oportunidad de entrenar a los padres y modelar algunas habilidades para ser padres aptos. Finalmente, les ayudé a pensar a largo plazo respecto a sus propias vidas y las vidas de sus niños. El abuelo apoyó mucho a su hija y ambos abuelos me acogieron en las vidas de sus niños.

Los trabajadores sociales y tutores *ad litem* demostraron interés durante todo mi caso. Estaba un poco frustrado con las estipulaciones que cambiaban a cada rato. Por ejemplo, no se le permitía a la abuela ver en privado a los niños; ahora los niños están viviendo en el hogar de sus abuelos con su madre. Además, supuestamente la madre debía conseguir una vivienda independiente, aún así, los profesionales le permiten ahora vivir con su madre y padre.

Pienso que el tribunal funciona bien especialmente para una madre o un padre, ya que la audiencia puede ser una sesión de recompensa, o si uno de los padres no ha cumplido las órdenes judiciales, será una oportunidad para reconocer la realidad. Creo que los padres escuchan más lo que el magistrado del tribunal les dice que lo que cualquier otra persona pueda decirles.

Mi consejo es conocer a todas las personas involucradas en tu caso, incluidos los niños, padres, padres adoptivos, parientes, tutores *ad litem*, trabajadores sociales, las personas encargadas de supervisar las visitas con los padres, personas en servicios de apoyo, personas para apoyo educativo y terapeutas. Mientras más conozcas la situación completa, mejor podrás defender al niño.

Alan y Tammy

Supimos de los Defensores para los niños por medio de un anuncio en el periódico. Hemos sido voluntarios durante dos años. Queríamos lograr un cambio en las vidas de los niños. Es benéfico trabajar en equipo para nuestros niños. Un hombre y una mujer tienen una perspectiva como una pareja que equilibra las decisiones de la vida. Somos capaces de tomar decisiones como si se tratara de nuestros propios hijos. En nuestro último caso, las dos niñas con quienes trabajamos no parecían preferir a alguno de nosotros sobre el otro. Ambas niñas eran educadas y bien portadas. Disfrutamos pasar tiempo con ellas. Alan es un gran negociador y pudo organizar diversas actividades gratuitas que pudimos aprovechar con las niñas. Yo soy quien toma todas las notas y escribe los informes para el tribunal.

Desde el principio, el ser voluntarios con los Defensores para los niños fue gratificante. La primera vez que visitamos a las niñas y les platicamos quiénes éramos y lo que queríamos hacer por ellas, no pueden imaginar la cara que pusieron. "TT", la hermana mayor, tenía una expresión de total asombro. Poder ver el crecimiento y desarrollo de ambas fue tremendamente satisfactorio. Simplemente el decirles lo importantes que son y ver cómo empiezan a confiar en sí mismas es maravilloso. Por ejemplo, TT tenía miedo de los animales disecados en el museo. Hasta los bichos en la banqueta le daban miedo. Pero todo eso ya es parte del pasado. Es sorprendente cómo el amor y la confianza pueden marcar una diferencia en la vida de una persona.

En ocasiones, nos desilusionaba ver a trabajadores sociales o tutores *ad litem* que actuaban como si solo fuera un trabajo para ellos. Sin embargo, nos impresionó mucho el magistrado del tribunal quien nos tomó el juramento como nuevos voluntarios de los Defensores para los niños. Él nos ayudó a entender lo importante que puede ser este trabajo y la diferencia que podría representar para un niño.

Cuando trabajamos con las familias adoptivas, deseamos ver que las familias traten más a los niños adoptados como quisieran ser tratados ellos mismos.

Como madre de dos niños, sé qué tan importante es para los hermanos pasar tiempo juntos. Me rompe el corazón saber qué tan cercanos son mis hijos y darme cuenta de que muchos hermanos en el sistema de niños bajo tutela del estado deben pasar un tiempo separados. Ver cuánta alegría les da el estar juntas a las dos niñas que defendemos hace que valga la pena el tiempo invertido.

Alan: Cada uno de nosotros como un Defensor para los niños o las familias adoptivas o las personas de las instituciones legales deberían estar haciendo esto por los niños. Si yo fuera uno de esos niños, quisiera que alguien me ayudara. Tenemos esta oportunidad de lograr un cambio para siempre en la vida de alguien. Todos necesitamos a alguien que crea en nosotros.

Emily

Cuando iba a la universidad, participé en una pasantía como defensora de víctimas en el departamento del comisario local. Compartía la oficina con el personal de los Defensores para los niños del condado de Douglas, Colorado. Llegué a conocer muy bien a Caroline y Marcia y estuve cercana a ellas un tiempo durante mi pasantía. Sabía que una vez que me graduara y cumpliera veintiuno, sería voluntaria con ellas. Mis padres trabajaron en el servicio público, por lo que crecí apreciando el trabajo voluntario. Mi madre lleva siendo defensora de víctimas desde hace cerca de veinte años y mi padre ha trabajado en seguridad pública más o menos el mismo tiempo. Al crecer, sentí que tenía una vida bendecida con una gran familia. Si podía ayudar a otros que no fueron tan afortunados a tener un hogar con cariño, entonces haría lo que pudiera. Además, amo a los niños y quería estar tan involucrada con ellos como pudiese.

En cuanto a escribir los informes del tribunal, realmente no me molesta esa tarea. De hecho, pienso que escribí un par de informes más de los que se necesitaban. Recuerdo una vez que me quedé despierta hasta casi la una de la madrugada para entregar un informe a tiempo, solo para darme cuenta que estaba un mes adelantada. Ahora veo el proceso de redactar un informe casi como una terapia. Me puede ayudar a centrar mi energía en mi caso e identificar diferentes formas de defender a los niños.

Siempre es interesante lo que sucede en el tribunal. Ver lo bien que conocen sus casos todos los profesionales es muy sorprendente. Yo llevo un solo caso cada vez y siempre siento que estoy olvidando algo. Me impresiona constantemente lo bien que los trabajadores sociales y tutores *ad litem* se mantienen al día con tantos casos. El magistrado del tribunal debe tener todos los casos bajo control. Me sorprende que puedan mantenerse al día con toda la información. Lo único que es difícil para mí en el tribunal es el declarar públicamente. Me pone nerviosa que vaya a llamar a la magistrada «su majestad» o «señor» en vez de «señora». No lo he hecho todavía. Toco madera.

Hay un caso en el que pienso con frecuencia, y siempre me recordará por qué continúo siendo voluntaria de los Defensores para los niños. Se me asignó este caso después de la extinción de la patria potestad, eran tres niños disponibles para adopción. En cuanto los padres no estuvieron involucrados en el caso, resultó interesante notar cómo otros parientes se convirtieron en influencias incongruentes en las vidas de los niños y se mostraron indecisos acerca de proporcionarles un hogar adoptivo. Sentí que los parientes en efecto proveerían un hogar adoptivo mientras los padres estuvieran involucrados, pero más tarde descubrimos que actuaron de esa forma solo con la intención de permitir el contacto frecuente con los padres o para darles a los niños de regreso. Cuando se les dijo que no se permitiría que pasara eso, de repente aparecieron otras cosas en sus vidas que los hicieron incapaces de hacerse cargo de los niños.

Durante este caso los niños se adaptaron de una manera sorprendente, a pesar de que sabían qué estaba pasando. Por ejemplo, los niños sabían que unos parientes biológicos habían estado de acuerdo en llevárselos después de la extinción de la patria potestad. Los niños empezaron a vivir sus vidas como si no fueran a estar en su hogar adoptivo al día siguiente y a menudo se lo decían a la gente. En una ocasión, estaba preparando una visita para que se reunieran los hermanos a planear el cumpleaños de uno de los niños un par de semanas más tarde. Los niños no querían planear nada conmigo, pensando que para entonces ya se habrían mudado a la casa de sus parientes en otro estado. Unos cuatro meses después, los parientes se retractaron de su decisión de tener a los niños con ellos. Los niños entonces pasaron por el dolor de ser rechazados por miembros de su familia.

Sin embargo, luego de siete meses de estar disponibles para adopción, tuve el honor de participar en una reunión de presentación de adopción para los tres niños que defendía. Una reunión de presentación de adopción ocurre después de que una familia se acerca al Departamento de Servicios Humanos para adoptar niños que están bajo tutela del estado, pasa el estudio de su hogar y habla con el departamento acerca de los diferentes niños que pueden ser adoptados. Esta es la primera reunión en la cual el trabajador social, el tutor *ad litem*, y en este caso, yo, presentamos toda la información práctica acerca de los niños en adopción a los prospectos de padres adoptivos. Esto incluye presentar el exhaustivo historial familiar, médico y dental, además del historial del desarrollo y académico, junto con los antecedentes del caso de dependencia y abandono.

Después de que el trabajador social les notificó a los prospectos de padres adoptivos la información delicada acerca de Derek de trece años de edad, Katrina de once años y Carter de nueve años, era el momento de hablar de las cosas agradables que hacían que estos tres niños fueran adorables. En ese momento de la reunión, el trabajador social me dio la palabra diciendo, «Nadie conoce tanto a estos niños como Emily. Ella podrá hacer que ustedes los vean como los niños que son. ¡Quiere a estos niños, y todos sabemos cuánto la quieren ellos!»

En ese momento, profundicé en las cosas agradables, iniciando con Derek.

«Derek ama el fútbol. ¡Come, duerme y respira fútbol! Si simplemente lo escuchas, te dirá más del fútbol de lo que pensabas que existía.»

«¡Dios mío, nuestro hijo está en el equipo de fútbol universitario!», exclamó la posible madre adoptiva. «¡Muere por hablar con alguien de fútbol!»

«Por otro lado, Katrina es una niña muy femenina»,

comenté. «Adora arreglarse las uñas y siempre quiere que todos los demás lo hagamos.»

Con una enorme sonrisa en la cara, el posible padre adoptivo tocó a su esposa con el codo. «Katrina definitivamente congeniará bien con las niñas.»

«Mi hija y yo tenemos una "cita" fija cada fin de semana para arreglarnos las uñas», agregó su esposa.

«Por último, lo más lindo de Carter es su amor por las camisetas. Solo quiere vestir camisetas, le gusta tomar las camisetas promocionales en diferentes eventos y es en lo único en que quiere gastar su dinero. Por si fuera poco, las organiza por color en su clóset.»

Ahora estaba la posible madre adoptiva, con los ojos muy abiertos y llorando, dándole un codazo a su esposo.

«¡Caramba!», exclamó. «Es igualito a mí. Caray, si no está destinado a ser mi hijo, no sé quién más lo podría estar. Ese es mi hijo, ciento por ciento.»

A las pocas semanas después de esta reunión, Derek, Katrina y Carter empezaron a llamarlos «mamá» y «papá».

Ver lo que niños como ellos han soportado hace que mi consejo final sea cercano a mi corazón. Mi perspectiva es la de alguien que no tiene niños propios, pero tengo muchos niños en mi vida. Nunca querrías que tu niño, sobrina o sobrino, alumno, vecino, hermano o hermana, o miembro de la iglesia fuera víctima de abuso o abandono. Dios no lo quiera, pero si sucediera querrías que hubiera alguien apoyándolos y que llegara a conocerlos muy bien. Creerías que merecen tener a alguien que los ayude a sentirse tan normales como fuera posible, a identificar un hogar seguro y estable, alguien que les haga darse cuenta que hay personas adultas buenas y dignas de confianza, finalmente, alguien que los ayude a vivir una vida feliz. Bien, cada uno de estos niños es la sobrina o sobrino, alumno, vecino, hermano, miembro de la iglesia o niño de alguien. ¿No merecen lo mismo?

Stacey

Mi covoluntaria de los Defensores para los niños y yo teníamos a dos de nuestros cinco niños en el automóvil para ir por un helado de yogur. Las dos niñas mayores estaban en el asiento trasero, y la de siete años de edad dijo que realmente lo que quería era «ir con su mamá enseguida» y siguió repitiéndolo. Su hermana mayor le dijo que parara de decirlo pues ya todo mundo lo había oído. También le dijo que nadie estaba haciendo nada para ayudar a su madre a tenerlas de vuelta. Cuando le dije que nosotros estábamos tratando de ayudar a su mamá, ella dijo muy frustrada, «¡No, no es cierto!» Eso me dolió mucho.

Cuando llegamos por el helado de yogur, mi covoluntaria defensora llevó a la niña de siete años adentro de manera que yo pudiera hablar con Talia. Nos sentamos en una banca y le pedí que me mirara, lo cual no hizo. Suavemente puse mis manos en cada lado de su cabeza y voltee su cara de manera que pudiera verla a los ojos. Le prometí que estábamos ayudando a su mamá a tratar de llevarlas con ella. Le dije que sabía que su mamá la quería mucho y que ella amaba a su mamá. Le dije que queríamos que todos los niños regresaran a casa con su mamá. Por la mirada en sus ojos me di cuenta que no me creyó.

«No me crees, ¿verdad?», le pregunté, y ella contestó que no. Le dije que estaba bien y que seguiríamos ayudando a su mamá en cualquier forma que pudiéramos.

Los dos niños mayores han regresado al hogar y van bien. Talia necesitaba un seguimiento.

«Te dije que queríamos que regresaras con tu mamá y que ella estaba trabajando mucho para que eso sucediera».

Ella sonrió.

Supe de los Defensores para los niños hace veinte años cuando estaba trabajando en un centro de reinserción social para delincuentes adultos con delitos graves. Algunos de sus hijos tenían voluntarios de los Defensores para los niños. Desde que supe de los defensores, quise convertirme en voluntaria. Las circunstancias de la vida no me lo permitieron durante muchos años. Hace tres años, me despidieron como gerente general de *Borders Books* cuando la compañía cerró. Decidí que era el momento de regresar a mis raíces de servicios humanos tanto personal como profesionalmente. Resolví tomar la capacitación de los Defensores para los niños.

Habiendo sido voluntaria por varios años, ahora creo que hay más personas buenas en este mundo que malas y que esas personas buenas quieren ayudar a los niños. Creo que los padres no planean abusar de sus hijos y que hay algo rescatable en cada padre. También creo, más firmemente, que los voluntarios defensores son personas maravillosas y que marcamos la diferencia en las vidas de los niños a quienes servimos.

Cuando pienso en las muchas personas con quienes trabajamos como voluntarios, me sorprende lo diferente que la gente percibe la frase, «lo mejor para el bienestar del niño». Mi trabajo como defensora requiere que respire profundo muchas veces. Trato de oír la versión de cada quien y entonces determinar si hay forma de llegar a un consenso. No tengo problema en decir lo que pienso cuando se trata del bienestar de un niño por lo que algunas veces voy directo al grano, lo cual funciona bastante a menudo para poner manos a la obra.

Un ejemplo de esta determinación se comprobó con los cinco niños que mencioné anteriormente. Los dos medianos estaban en un hogar adoptivo con tres hijos biológicos de los padres adoptivos y un bebé adoptado. El hogar era muy caótico, ya que todos los niños eran educados en casa. Nuestros dos niños tenían dermatitis grave. La familia adoptiva nunca había manejado un caso de dermatitis antes. Mi covoluntaria defensora les llevó a los padres adoptivos productos especiales para el cabello y la piel para tratar la dermatitis. Se les indicó a ambos padres cómo usar los productos. Aún así fue una batalla constante hacer que la familia adoptiva tratara la dermatitis de forma adecuada. Constantemente veíamos a los niños con la piel dolorosamente seca y agrietada.

La gota que derramó el vaso fue cuando vimos a los niños durante la visita con su mamá en el Departamento de Servicios Humanos. Ambos niños tenían la piel muy seca y agrietada, y también sangraba. Era un hecho que no estaban recibiendo el cuidado adecuado. Mi covoluntaria de los Defensores para los niños y yo hicimos que el trabajador social revisara a los niños. Llamamos a la oficina del tutor *ad litem* e insistimos en que se sacara a los niños de ese hogar ese día. El trabajador social llamó al supervisor de guardia, quien estuvo de acuerdo con nuestro plan. La madre adoptiva que tenía a las dos niñas mayores estuvo de acuerdo en cuidar a los dos niños medianos hasta que se pudieran ir con un pariente una semana después. Salieron del hogar ese mismo día.

Ese caso duró dos años y medio. Las dos niñas mayores, de ocho y siete años, finalmente regresaron al hogar con su mamá. Un primo paterno adoptó al niño más chico, de dos años de edad. Respecto a los dos niños medianos, de cuatro y seis años, la asignación permanente de la patria potestad se le concedió a otro pariente paterno.

Este caso tuvo más desafíos y demoras de lo normal, y creo que los niños pagaron el precio de ello. No tengo duda de que tener covoluntarios trabajando como defensores en este caso hizo un mundo de diferencia para esos cinco niños.

Mi consejo para otros voluntarios es ser paciente y saber que, aunque no puedas verlo todo el tiempo, sí logras un cambio en las vidas de los niños. Confía en que tu influencia se sentirá mucho después de que los casos se hayan cerrado.

Shanelle

Yo era la covoluntaria de Stacey en el caso que compartió previamente. Supe de la organización a través de una amiga, quien también trabajaba como covoluntaria. En ese entonces estaba en la escuela estudiando justicia penal. Mi amiga decía insistentemente que debería ser una Defensora para los niños. Le dije que lo consideraría cuando saliera de la escuela. He sido voluntaria desde el 2011.

La educación que recibí en la escuela de justicia penal me ayudó a trabajar con los trabajadores sociales y tutores *ad litem*. No podría decir que esa parte del trabajo sea fácil, pero creo que adquirí algo de formación que me ayuda con las personas que trabajan en las instituciones legales. La comunicación con ellos a veces es frustrante pero esta formación me ayuda a comprender por lo que están pasando. Y me doy cuenta que un defensor necesita ser capaz de trabajar bien con las personas que trabajan en las instituciones legales. Creo que esta es la parte más difícil de ser un voluntario.

Por un lado, tienes emociones al tratar con los niños y las familias adoptivas pero los detalles involucrados al tratar con los profesionales es la parte más difícil, según yo. Los informes del tribunal en sí mismos no son difíciles para mí. Aprecio a las diversas personas en la oficina de los Defensores para los niños que revisan el informe antes de presentarlo al tribunal. Es bueno tener esta documentación para revisarla cuando estamos trabajando en un caso. Sé que algunas personas se sienten frustradas con los informes ya que el papeleo nunca es divertido, pero sé que son necesarias. Creo que escribir los informes también te recuerda que no solo estás pasando el tiempo con un niño o niña comprándole un helado, sino que estás haciendo algo serio. Estás registrando información para ayudar a este niño.

He apreciado trabajar con una covoluntaria defensora por

la principal razón de que dos cabezas y dos corazones son mejores que uno. Capté cosas que ella no y ella captó cosas que yo no. A veces teníamos diferentes sentimientos acerca de algunas cosas, por eso era bueno compartir nuestras distintas perspectivas. Considero que el caso tuvo una mejor atención aún al contar con dos personas atendiéndolo. A veces, si alguna de nosotras no podía hacer algo, la otra era capaz de completar el trabajo.

Ahora, que el caso terminó para nosotras, sentada aquí pensando en él, no hubiera imaginado ni en un millón de años que habría terminado como lo hizo. Honestamente pienso que tuvo el desenlace correcto, lo cual significa que puedo dormir tranquila. Habiendo dicho esto, debo decir que este caso me hizo sufrir bastante por muchas razones. En nuestros dos años y medio en este caso tuvimos dos tutores *ad litem* diferentes y cuatro trabajadores sociales. Estaba agradecida por la capacitación de los Defensores para los niños que recibí antes de iniciar mi caso, ya que me recordaba que el objetivo primordial en nuestro trabajo es centrarse en la seguridad de estos niños y ayudarlos a encontrar el mejor sistema de apoyo disponible para ellos.

Algunas veces te enredas pensando en lo que personalmente sientes que es mejor para estos niños, pero eso tal vez no es lo que idealmente puede suceder con ellos. Con mucha frecuencia recordaba «cuál es la opción más segura para este niño». Eso realmente me ayudó a dar lo mejor de mí en este trabajo. Por ello, junto con el hecho de que acabo de tener a mi primer hijo, me tomaré un descanso del trabajo como defensora por un tiempo. En el futuro, podría decidir tomar otro caso.

Me encantaría volver a ser compañera de Stacey. Fue una covoluntaria defensora maravillosa. Nos complementábamos. Yo seguía el plan y mantenía la rutina cuando me sentía intimidada emocionalmente y ella protegía a los niños. La pasión de Stacey por los niños necesitaba estar ahí para ayudar a complementarnos. Creo que trabajamos muy bien como un equipo. Muchas veces estábamos seguras de que las cosas no acabarían positivamente para los niños. Sin embargo, para el final del caso, ambas nos sentimos agradecidas por el desenlace y porque era lo correcto para estos niños.

El mejor consejo que le daría a alguien que considere hacer este trabajo es: no sentirse presionado a tomar un caso en particular. Si no te sientes a gusto, no sientas que tienes que tomarlo. Uno toma la decisión de cuáles casos tomar. Escucha tu corazón, ya que no creo que puedas ayudar en alguna situación o a algún niño si tú mismo no estás preparado para las circunstancias que puedas encontrar. Justo ahora me encantaría trabajar con Stacey en otro caso, pero necesito darle tiempo a mi hijo, y mi propia familia debe ser mi prioridad en este momento. El comprometer nuestra vida personal no nos hará defensores eficaces para los niños.

Marsha

Steven tiene discapacidades de desarrollo y de aprendizaje, así como autismo. Durante los años que trabajé con él, uno de sus intereses más significativos y persistentes tenía que ver con las banderas. Steven se preocupó un día cuando entramos a un *McDonald's* y notó que la bandera de Estados Unidos, ondeando en el asta afuera del restaurante, estaba rasgada y parecía estar suelta en el asta.

«Mira la bandera. Está rasgada. Y parece que va a salir volando».

«Steven, puedes decirle al gerente o a la cajera lo de la bandera, y tal vez se aseguren de que la cosan o la cambien», le sugerí.

«¡Eso haré!»

Steven, quien por lo general era tímido y callado cuando

ordenaba su comida, caminó directo a donde estaba la cajera y le comentó acerca de la bandera. Ella le dijo que iba a ver qué podía hacer.

La siguiente semana pasamos por el restaurante. Para mi sorpresa, una nueva bandera de Estados Unidos estaba ondeando en el viento. Steven lo notó inmediatamente.

«¡Mira, es una bandera nueva!», exclamó con emoción.

«Steven, ¡lograste un cambio!»

«¡Cambiaron la bandera gracias a mí! ¡Cambiaron la bandera gracias a mí!»

Cada vez que pasábamos por el restaurante, Steven miraba la bandera nueva y estaba tan emocionado como cuando la vio ondear por primera vez.

La historia que acabo de compartir trata de un caso en el que trabajé durante siete años. He sido una Defensora para los niños durante nueve años. Durante ese tiempo, traté con los padres, una familia adoptiva y el personal de una agencia sin fines de lucro que aportaba el pago de la escuela y vivienda para Steven. Aunque un caso normal de los defensores concluye dentro de un periodo de dieciocho meses, y de hecho, mis otros dos casos concluyeron dentro de ese lapso, el caso de Steven fue mucho más largo.

Me dieron la opción de finalizar mi participación en el caso, ya que había cumplido con mi compromiso. Sin embargo me quedé con él, debido a que yo era la única persona con quien Steven interactuaba además de las personas en la escuela y el personal del hogar grupal. Prácticamente no tenía contacto con sus padres ni hermanos, quienes vivían en otro estado. Aunque este niño tenía solo una capacidad limitada para comprender su situación, creo que es importante para cada persona tener a alguien en su vida que esté allí para él y no se le esté pagando por ello.

Recuerdo cuando leí por primera vez un artículo en el periódico local acerca de los Defensores para los niños. Con mi experiencia en psicología y derecho, me imaginé que ser una defensora podría representar una buena oportunidad para combinar las dos mientras hacía algo que beneficiara a los niños que necesitaran ayuda. A medida que he continuado en este trabajo, me he dado cuenta que a veces nuestra participación es más importante que en otros momentos. Independientemente del último desarrollo y resolución de cada caso, en todos ellos, el hecho de que un niño abandonado o maltratado tenga la completa atención, apoyo y defensa de una persona es de suma importancia para ese niño.

Los informes del tribunal que escribimos son una importante contribución a la información general proporcionada al juez o magistrado para que sea capaz de tomar decisiones con respecto al caso. Los magistrados que conocí eran rigurosos y trataban activamente de obtener toda la información pertinente para tomar las mejores decisiones estando bien informados. Creo que mis contribuciones en el tribunal se dan principalmente a través de mis informes escritos y no por medio de mis comentarios verbales.

Mis experiencias con los trabajadores sociales y los tutores *ad litem* varían. Algunos de los trabajadores sociales, en mi experiencia, ven al defensor como un estorbo necesario al tratar sus casos. Reconozco que los trabajadores sociales tienen un gran número de casos abiertos, lo cual dificulta darle a cada caso mucha atención. Por lo general, mis experiencias con los tutores *ad litem* fueron positivas. En dos de mis tres casos, fueron activos y comprometidos.

Como una Defensora para los niños, trabajé con familias adoptivas en dos de mis tres casos. En cada caso, la familia fue agradable y receptiva a mi intervención. Mis casos eran un tanto inusuales. En un caso, los abuelos biológicos eran los padres adoptivos. En otro, la familia adoptiva fue designada a través de una agencia privada. Ambas familias adoptivas eran siempre atentas y amorosas con los niños, asimismo, estaban dispuestas a contestar mis preguntas y hablar de todo conmigo.

El único momento en que me preocupó mi seguridad fue con el padre de uno de mis casos. Aunque bajo de estatura, era físicamente fuerte y hacía comentarios intimidantes a la mayoría de las personas involucradas. En ese caso en particular, siempre mantuve mi teléfono celular conmigo y le avisé a mi esposo que estuviera pendiente si no le hablaba a cierta hora. Aunque estaba preocupada, en realidad no me sentía como si estuviera en peligro debido a que sabía que "perro que ladra no muerde". Sentía que él se sentía amenazado por el sistema judicial y que su reacción era luchar en la única forma que conocía.

Para aquellos que consideren este trabajo, tengo tres consejos: mantengan una mente abierta sin prejuicios, mantengan el sentido del humor y tengan en mente que ante todo, el objetivo primordial es ayudar a un niño.

Megan

En uno de mis casos, tenía tres pequeños hermanos, de ocho, cinco y tres años de edad. Cuando fui su defensora, estuve con ellos en tres hogares adoptivos. El niño mayor era como un padre para los otros, siempre cuidándolos, asegurándose de que se sintieran bien y que hubieran comido lo suficiente. Lo que sea que estuviera pasando, él era el protector.

A mi parecer, para ellos la comida era particularmente un asunto importante. Cada vez que iba a recogerlos, sus primeras preguntas eran, «¿Cuándo vamos a comer? ¿Podemos ir a *McDonald's*?»

El tercer hogar adoptivo dejó de serlo en ese tiempo. Este fue el primero de varios hogares con los cuales participé que no continuaron por diversos motivos. En este caso, el padre murió y era demasiado pesado para la madre seguir como un hogar adoptivo. Sabía que en breve estos tres preciados niños estarían bajo tutela del estado en un pequeño pueblo bastante alejado, y ya no sería su defensora. Me informaron que tenían que ser llevados a este pueblo distante debido a que era el único hogar adoptivo que podía hacerse cargo de los tres hermanos.

Sabía que era importante mantener juntos a los hermanos, especialmente dado que su madre biológica ya no los visitaba. Al principio, el niño mayor preguntaba con insistencia por su madre. Después de algunos meses, dejó de preguntar. El niño menor seguía preguntando por su madre, pero el hermano mayor le decía que dejara de preguntar pues ella no regresaría. El hermano más grande comenzó a preguntarme, «¿Qué va a pasar con nosotros?». Traté de tranquilizarlo diciéndole que todo estaría bien en su nuevo hogar.

Siempre que llevaba a los niños a pasear, les tomaba fotos. Quería hacer un pequeño álbum para que se lo llevaran a su nuevo hogar adoptivo. Me preocupé, pues el niño mayor pedía fotos conmigo. Yo sabía que nuestra relación estaba creciendo, y también sabía que pronto terminaría. Trataba de romper los lazos suavemente sin romperles el corazón. Cuando les di el álbum, el niño mayor empezó a llorar. Casi me rompió el corazón.

«Srita. Megan es realmente genial ver estas fotos de nosotros pero, ¿dónde está una foto de usted?», preguntó mientras pasaba las páginas del álbum.

«Puse una foto mía en la última página, Ryan. Aquí está.»

También puse mi número telefónico y la fecha en la página, de manera que los niños siempre supieran que podían localizarme. Después de que Ryan miró mi foto durante un rato, la quitó de atrás y la puso al frente. En ese momento, casi se me salían las lágrimas. Siempre que pienso en eso, regresan los sentimientos de ternura. Seguí en contacto cerca de un año después de que se fueron. Les llamaba y hablaba con los niños. Les mandé tarjetas. En Navidad, les envié regalos.

Tal como muestra el ejemplo anterior, lo más difícil para

mí al ser una Defensora para los niños son los lazos emocionales que naturalmente se dan y que deben romperse cuando termina el caso. Estos niños a quienes ayudamos se convierten como en nuestra familia, pero después debemos retirarnos conforme el caso va llegando a su fin. No es fácil dejar de preguntarse cómo les está yendo a los niños, con la esperanza de que estén seguros y contentos. Naturalmente, después de que los casos se cierran, muchos padres quieren dejar atrás sus difíciles peleas por la custodia y, por ende, desean cortar los lazos con los defensores de sus niños. En la mayoría de mis casos, perdí el contacto con los niños cuando el tribunal cerró el caso. En una ocasión, una abuela reunió a unos niños seis o siete meses después para que pudiera verlos. Fue muy considerado de su parte.

A veces no comprendo cómo debo sentirme como una Defensora para los niños, ya que si bien quiero estar cercana a los niños, sé que me debo preparar emocionalmente para el momento en que el caso termine. Una vez representé a una madre adolescente quien tenía un bebé de un año de edad. Ella y yo nos mantuvimos en contacto cerca de un año después de que el caso se cerró. Ella se cambiaba muy seguido pero siempre me avisaba dónde estaba. Cuando estaba pasando momentos difíciles me hablaba para pedir consejo. Disfruté poder ayudarla y llevarle regalos en Navidad para ella y el bebé. Después de cerca de un año, no volví a saber de ella. Le pregunté a mi supervisor, «¿Cómo puedo saber si está bien?». El supervisor me dijo que si la joven hubiera tenido que presentarse otra vez en un tribunal, la oficina lo sabría de inmediato. Sin embargo, en este trabajo esperamos que las familias no regresen al tribunal, así que, «si no hay noticias, pueden ser buenas noticias».

Una cosa que aprecio de este trabajo es conocer personas de tan diferentes orígenes y culturas. También aprecio aprender nuevas cosas a través de las capacitaciones continuas. Asisto a los clubs de lectura, las películas y los talleres que ofrecen información sobre una variedad de temas importantes.

Conocí a algunos trabajadores sociales quienes han sido de gran ayuda. Me mantenían actualizada sobre lo que estaba pasando en lo que les concernía para cada caso. A veces, algunos trabajadores sociales me invitaban a acompañarlos en sus visitas a los niños. Siempre era útil tener el tiempo para compartir puntos de vista sobre el caso. Otros trabajadores sociales parecían estar muy ocupados para tener esa comunicación bipartita y les tenía que rogar para poder acompañarlos en las visitas o para compartir información.

Pienso que los trabajadores sociales tienen una carga de trabajo tan pesada que a veces les es difícil trabajar con una persona más, por ejemplo una defensora. Recuerdo a una trabajadora social diciéndome que tenía veinticinco casos al mismo tiempo. Eso es demasiado. Por otra parte, los tutores *ad litem* se buscan el tiempo para mantenerse en contacto por correo electrónico y, por lo general, puedo trabajar más de cerca con ellos.

Mi mayor problema como Defensora para los niños, aparte de aprender a desconectarme emocionalmente cuando un caso se cierra, ha sido trabajar con las familias adoptivas. Tuve un caso en particular donde la madre adoptiva nunca me regresaba las llamadas. No contestaba el teléfono e incluso cuando lograba hablar con ella, no quería programar una visita. El tribunal ordenaba las visitas, aún así seguía negándose a cooperar. Cuando finalmente fui a su hogar, abrió la puerta, me hizo pasar con un ademán y se sentó en su sillón. Nunca me miró a los ojos.

Así era cada vez que iba a visitar a la adolescente que defendí. Al principio, pensé que era debido a mi acento o al hecho de que no soy una estadounidense blanca. Entonces pensé que tal vez solo necesitaba llegar a conocerme y que la próxima vez sería mejor, pero la situación no mejoró. Seguí sintiéndome extraña siempre que estaba en ese hogar. Se sentía como si la madre adoptiva tratara de ocultar algo. El resultado final de esta situación en particular fue que la madre adoptiva estaba haciendo varias cosas que no eran éticas y, a la larga, ese hogar dejó de funcionar para el sistema de niños bajo tutela del estado. A partir de esta experiencia, aprendí a desconfiar de los hogares adoptivos. Iba a los hogares adoptivos con los ojos bien abiertos hasta que constataba que era un lugar seguro para los niños que defendía.

En otro caso, a una abuela se le concedió la custodia de sus nietos. Yo no sabía que esta mujer tenía antecedentes de inestabilidad mental. Agradecí que en una visita en particular la tutora *ad litem* estuviera conmigo, ya que después de que nos retiramos la abuela llamó a nuestra oficina de los Defensores para los niños. Dijo que quería que me sacaran del caso porque había llegado borracha a su casa. Dijo que olió el aliento a alcohol.

¡No lo podía creer! No tenía idea de dónde salió esta acusación o qué tenía esta mujer en mi contra. Llamé a la tutora *ad litem* y le conté lo sucedido. Me tranquilizó diciendo, «No te preocupes. Yo estaba ahí. Sé que es ridículo. Esa mujer está loca. Hemos tenido que tratar con ella antes. De hecho, esta mujer presentó tantas acusaciones contra todos nosotros que ya ha tenido tres trabajadores sociales y dos tutores *ad litem*». Afortunadamente, esta tutora *ad litem* y yo fuimos capaces de trabajar en el caso hasta que se cerró.

Para aquellos que consideren este trabajo voluntario, les aconsejaría que puede ser difícil formar lazos cuando sabes que a la larga puedes perder el contacto con estos niños. Sin embargo, no dejes que eso te impida tener la oportunidad de ayudar a un niño a alcanzar una vida mejor.

Jerry and Leonora

Jerry: Algunas veces necesitas paciencia para obtener pequeños éxitos. Ya han pasado dos años y medio desde que fuimos asignados a un caso especialmente complicado.

Ryan de trece años de edad, Bob de diez y Jane de siete fueron retirados de su hogar y puestos bajo tutela del estado debido a abuso físico y presunto abuso sexual por sus padres y posible abuso sexual por sus hermanos. Debido a la preocupación del abuso sexual entre los niños, fueron colocados en hogares adoptivos separados.

Fui designado para ser el defensor de Bob, mientras que Leonora fue designada para Jane y el hermano mayor fue asignado a otro defensor.

Bob ha vivido por casi tres años en su actual hogar adoptivo, esperando algo permanente en su vida. Mientras, los planes para el manejo del caso y la extinción de la patria potestad continúan. Bob se adaptó bien a su hogar adoptivo pero extraña a su familia biológica a pesar de que estar bajo la tutela del estado ha sido bueno para él.

Jane, por otra parte, estuvo yendo de casa en casa en siete hogares adoptivos desde que la retiraron del hogar de sus padres biológicos. Leonora ha permanecido con ella durante todos estos cambios y ha visto el impacto negativo que tuvieron las mudanzas para Jane.

Leonora y yo pasamos muchas horas comentando nuestras experiencias semanales con Bob y Jane. Era evidente para nosotros el impacto negativo de haberlos sacado del hogar de sus padres así como la separación de los hermanos. Esto se observaba claramente en el comportamiento de ambos, Bob y Jane.

Nos dimos cuenta bastante rápido de lo importante que era para los niños tener la sensación de pertenecer a alguien, estaban perdiendo poco a poco dicha sensación. Leonora y yo le planteamos este asunto al trabajador social y al tutor *ad litem*, así como al magistrado del tribunal. Gracias a nuestra persistencia, se nos dio la oportunidad de permitir que Bob y Jane tuvieran visitas juntos bajo nuestra supervisión. Fue conmovedor presenciar esa primera visita después de que Bob y Jane habían estado tanto tiempo separados. Nuestras emociones salieron a flote la última Navidad cuando llevábamos a Bob y Jane a la fiesta de Navidad de los Defensores para los niños. Antes de entrar al edificio, la conversación entre Bob y Jane se volvió cruda y emotiva. Jane se estaba encerrando en sí misma debido a que se le preguntó acerca de un mal comportamiento reciente y se cubrió la cara como si se estuviera escondiendo.

«Por favor, háblame», Bob le rogó. «Tú eres todo lo que me queda en el mundo».

Nos contagiaron las emociones a Leonora y a mí, y nos llevó más de quince minutos recuperar la compostura antes de entrar a la fiesta.

Unos meses después, algo sucedió por casualidad. A raíz de haberle dicho a Jane que sus padres perdieron la patria potestad, su comportamiento en el hogar adoptivo se volvió insoportable. Su madre adoptiva por parentesco, una tía, se dio por vencida con Jane y le comunicó al Departamento de Servicios Humanos que la quería fuera de la casa a más tardar en una semana. Debido a la poca antelación, Jane necesitaba un hogar adoptivo temporal. Después de varias discusiones y el apoyo de la madre adoptiva de Bob, Jane fue colocada en el mismo hogar adoptivo que Bob.

De ahí en adelante, se dio un cambio increíblemente positivo en el comportamiento y la vida de estos niños. Leonora y yo seguimos visitando a los niños, y seguimos hablando con ellos acerca de la adopción en un hogar permanente. Tenemos la confianza de que se encontrará un hogar adoptivo para ellos en un futuro no muy distante, que les brinde el amor y permanencia que merecen.

Cabe mencionar que Ryan fue colocado de regreso con su padre biológico y parece estar bien. Estamos trabajando para que Bob y Jane vuelvan a tener contacto con Ryan una vez que los asuntos negativos del pasado se hayan resuelto.

Leonora empezó a ser una defensora aproximadamente un año antes de que yo decidiera incorporarme al trabajo. Vi que era una grandiosa manera para ayudar a los niños y también me di cuenta que sería una buena forma de tener la oportunidad de hablar con mi esposa. Ha sido genial poder compartir un caso, hablarlo con el otro y compartir ideas entre nosotros.

Leonora: En el caso que Jerry mencionó, al principio los niños necesitaban visitas separadas. Manejábamos dos autos. Con el tiempo, se permitió que los niños se vieran, lo que a su vez nos permitió llevar un solo auto y disfrutar las visitas junto con ellos.

Trabajar con las personas de las instituciones legales tiene cosas buenas y malas. Sentimos que los trabajadores sociales y los tutores *ad litem* están haciendo su mejor esfuerzo. Nos damos cuenta que tienen muchos casos y nosotros solo tenemos uno. Siempre compartimos nuestra información con ellos pero a veces tenemos poca retroalimentación de su parte. Sabemos que lo que compartimos es importante para que ellos comprendan cómo están los niños, así que seguimos enviando los correos electrónicos. A veces es frustrante esperar una respuesta del equipo legal pero durante ese tiempo solo nos enfocamos en los niños. Estamos agradecidos de que, como voluntarios, tengamos el tiempo para dárselo a los niños, para conocerlos y atenderlos de la mejor manera posible.

Una cosa que aprendí de este trabajo es que hay muchos más casos de niños sufriendo abandono y abuso de lo que nunca imaginé. En los periódicos solo lees los casos más importantes. Muchos niños pasan desapercibidos, incluso si entran en el sistema judicial no hay suficientes defensores para ayudarlos a todos.

Jerry: Quisiera agregar que los Defensores para los niños son esenciales para el bienestar de los niños que están siendo atendidos en los Servicios Sociales. Es indispensable ser una persona externa objetiva que pueda pararse en el tribunal y hablar en nombre del niño. Con tantos casos que las personas de las instituciones legales manejan, nosotros somos los ojos y oídos que ellos no siempre pueden ser. Más que la ley, nuestra única preocupación son los niños.

También nos impresionó el respeto que muestra la magistrada cuando llega el momento de ir al tribunal. Sabemos que es nuestra responsabilidad compartir nuestras opiniones durante la audiencia y nuestra magistrada en particular lo facilita mucho. De hecho, sabemos que ella espera escuchar lo que tenemos que decir y nos llama al estrado para que compartamos nuestras opiniones sobre cómo les está yendo a los niños.

A cualquiera que considere este trabajo, le diría que si quieres trabajar como voluntario, hazlo al cien por ciento. Este trabajo es vital. Mientras más lo haces, más te das cuenta de lo significativo que es. Si no estás dispuesto a ir más allá de lo normal, no va a funcionar en la forma que debería.

Leonora: Aconsejo que conozcan a los niños a través de la conversación, a través del lenguaje corporal, que disfruten el tiempo que pasen juntos. Necesitas estar disponible cuando el niño realmente te necesita. Si entiendes cómo se están sintiendo y de dónde vienen, entonces serás capaz de ayudarlos de una mejor manera cuando estén deprimidos o en crisis, como cuando cambian de hogar.

Lo que otros dicen

Se presentó la oportunidad de leer acerca de las experiencias de nuestros voluntarios, así como el trabajo con los tutores *ad litem*, trabajadores sociales y sus supervisores de la oficina de los Defensores para los niños. A continuación, algunos comentarios de estos profesionales acerca de sus impresiones con respecto a los voluntarios defensores.

Laura, tutora ad litem

Como una tutora *ad litem* que maneja muchos casos de dependencia y abandono al mismo tiempo, aprecio mucho tener a los Defensores para los niños asignados a los casos. Los defensores son capaces de visitar a los niños y los hogares con mucha mayor frecuencia. Las observaciones y perspectivas de los defensores son muy valiosas para mí para determinar qué es lo mejor para los niños. En numerosas ocasiones los defensores me han alertado de situaciones que requerían atención inmediata para salvaguardar a los niños. Ya que no tengo contacto frecuente con ellos, puede ser que me hubiera tardado en determinar que esos eran aspectos importantes sobre los cuales había que tomar medidas. Los defensores con los que trabajé son muy dedicados a los niños y a su bienestar. Aprecio todo lo que los defensores hacen por los niños para que las situaciones difíciles, como ser colocados lejos de sus padres, tener que involucrarse con varios profesionales y el sistema judicial, sean más fáciles y más agradables para los niños.

Aimee Leifer, Coordinadora del proyecto de un legado, extrabajadora social

La palabra para describir mi anterior trabajo como una trabajadora social para adolescentes era ajetreada. Al principio, cuando tomé el trabajo, me dijeron que trabajaría en horarios inusuales, viajaría mucho y tendría un promedio de catorce casos. No parecía pesado en ese momento. Sin embargo, en la realidad, en una semana buena trabajaba cincuenta y cinco horas por semana, viajaba por todo el estado, a veces fuera del estado y tenía un promedio de dieciocho casos, algunos con hasta siete niños.

Como se podrán imaginar, rápidamente me di cuenta que nunca alcanzaba el día para completar las visitas cara a cara requeridas con todos los niños, mientras también desarrollaba estas relaciones, asistía a reuniones, brindaba a las familias una intervención en situaciones de crisis, además de llenar toda la documentación necesaria. Es por esta razón que me di cuenta que los Defensores para los niños eran esenciales en mis casos. Habiendo sido una defensora, sabía qué tan importante puede ser para el niño como un apoyo cuando él o ella sintiera que yo, la trabajadora social, solo estaba haciendo mi trabajo. Como trabajadora social, me gustaba y quería que mis defensores participaran tanto como fuera posible, ya que por lo general yo solo veía a los niños una vez al mes debido a mi ajetreado horario.

Sentía que los defensores tenían la oportunidad de crear relaciones con los niños. Sentía que ellos tenían perspectivas únicas de las necesidades de las familias o de los niños y realmente podían abogar por lo que fuera mejor para los niños, mientras que mi papel como trabajadora social era muy diferente. Algunas veces tomé decisiones que no quería tomar pero que el departamento creía que era lo mejor. Sé que los defensores son una parte esencial para que los niños prosperen.

Desafortunadamente, como trabajadora social, era imposible hacer mi trabajo como sentía que tenía que hacerse. Por ello consideré que podía atender mejor a los niños desde otro rol. Ahora soy la Coordinadora del proyecto de un legado, de los Defensores para los Niños (un programa dentro de la organización de los Defensores especiales designados por el tribunal que atiende a adolescentes mayores que se han emancipado del sistema de niños bajo tutela del estado). Realmente creo que los defensores tienen la oportunidad de ser la persona que brinde seguridad y apoyo a los niños cuando se sienten completamente vulnerables y solos. Creo verdaderamente en el dicho de los Defensores para los Niños: «¡Cambia las cosas, voluntario!»

Whitney, trabajadora social de adopciones

Considero que los Defensores para los niños que ingresaron más recientemente están muy involucrados, a menudo se reúnen semanalmente con los niños. Brindan oportunidades para que los hermanos separados se reencuentren mediante las visitas. También, en el caso de un niño que no tenía hermanos, el defensor proporcionó un vínculo con un adulto quien no estaba ligado al caso del niño. Se conocieron, hicieron salidas comunitarias tal como ir de compras, trabajar juntos haciendo manualidades, llevar a pasear al perro, ir al correo, hicieron cosas de todos los días. Esto ayudó a que el niño se adaptara al mundo normal que lo rodeaba.

Los defensores que ingresaron más recientemente son conscientes de su función como un apoyo para los niños, más que un apoyo para los padres biológicos. Redactan informes del tribunal minuciosos y bien planteados, los cuales son útiles y convenientes. Asisten a reuniones LINKS (*Listening to the Needs of Kids*) (Escuchando las necesidades de los niños), reuniones con el personal de la escuela y reuniones con otros profesionales. En general, realmente son de gran ayuda para los niños en nuestros casos.

Hillary, tutora ad litem

Hay un caso en especial que viene a mi mente cuando pienso acerca del trabajo que los Defensores para los niños hicieron para ayudarme. Era la tutora *ad litem* asignada a un caso que involucraba a dos niños pequeños, de cuatro y seis años de edad. Su padre asesinó a su madre. El más pequeño incluso trató de detener a su padre, por ende, fue testigo de la muerte de su madre.

Se asignó a una defensora estupenda. Era la primera vez que trabajaba con Mary. Para resumir, el Departamento de Servicios Humanos presentó un recurso; en la fecha de comparecencia ante el tribunal, se debatió sobre desestimar el caso, ya que los padres de la madre se habían presentado y los tribunales estaban considerando simplemente ceder los niños a los abuelos. Eso no parecía una buena decisión ya que nadie sabía nada acerca de los abuelos. Acordamos que estos niños podrían quedarse con sus abuelos por el momento, pero el caso seguiría abierto.

La defensora realizó una investigación extremadamente valiosa antes de que las dos saliéramos del estado para investigar a esta familia, ya que vivían fuera del estado. Mary rastreó a todos los miembros de la familia de ambos lados y creó un árbol familiar de manera que yo pudiera saber quién era quién. Ella entrevistó a todos los miembros de la familia. Cuando llegamos, tenía listas todas las citas y sabía a quién necesitábamos visitar y a dónde ir.

En cuatro días, fuimos capaces de determinar que los abuelos no eran unos tutores aceptables para los niños. Pudimos encontrar una tía y un tío que serían un buen apoyo para los niños. Y, afortunadamente, estos parientes estaban interesados en adoptarlos. Sin la ayuda de Mary, nunca hubiéramos sabido cuál era el mejor lugar para estos niños.

Durante estos años, trabajé muy de cerca con los Defensores especiales designados por el tribunal. Siempre fueron de gran ayuda para mí. De hecho, ahora soy miembro del consejo de la organización de los Defensores para los niños. Soy una gran defensora del trabajo que realizan estos voluntarios.

Dani, trabajadora social para la permanencia

Considero que los Defensores para los niños son de mucha ayuda especialmente para los niños más pequeños. Ellos llenan las brechas entre estar con sus padres, en el sistema de niños bajo tutela del estado, cerca del trabajador social y las visitas de los tutores *ad litem*. Trabajé con un gran defensor y una niña de tres años de edad. El defensor me acompañó en un par de visitas, veía a la niña algunas veces al mes y también supervisó una o dos reuniones. Vernos juntos al defensor y a mí, tener una visita de su mamá con el defensor y verlo aparte de las visitas al hogar y las reuniones con los padres fueron de mucha ayuda para la niña.

Creo que esto ayudó a la niña a comprender que muchas personas estaban tratando de ayudar a su familia. Permitió que confiara en los adultos en su vida y que se sintiera importante para muchas personas. En general, le ayudó a relacionarse debido al contacto frecuente que tuvo con su defensor durante todo el caso.

Wendy, abogada y extutora ad litem

Recuerdo un caso en particular en el cual trabajé con una Defensora para los niños que fue de extrema ayuda. La joven madre desapareció, había una orden de arresto en su contra y su bebé se había quedado con un pariente. Todos los intentos de encontrar a esta jovencita habían sido inútiles.

La defensora asignada a este caso investigó y encontró una vieja dirección de correo electrónico que la madre había usado en el pasado y decidió localizarla de esta forma. Le explicó quién era, que no tenía ningún vínculo legal, no recibía pago por este trabajo y que ella visitaba a su bebé regularmente. Entonces le dijo que le gustaría mucho almorzar con ella en alguna parte, si es que estaba interesada.

La madre respondió el correo y las dos se reunieron para almorzar. La defensora pudo convencer a la joven de que se entregara a las autoridades. Le prometió ir con ella al tribunal. También le contó cómo estaba su bebé. A lo largo del caso la defensora se mantuvo atenta no solo del bebé, sino también de la madre. Cuando todo parecía indicar que se procedería a la extinción de la patria potestad, la defensora ayudó a la joven madre a ordenar sus sentimientos y tomar la mejor decisión para su bebé.

Los defensores tienen la oportunidad de disfrutar el tiempo que pasan con los niños, ya que solo manejan un caso a la vez. Siempre es benéfico para un niño tener a varias personas involucradas, tales como el trabajador social, el tutor *ad litem* y el defensor. Tres cabezas siempre son mejores que una. Los defensores con quienes trabajé han sido conscientes, dedicados y totalmente comprometidos a buscar el bienestar del niño. El único problema de los defensores es que no hay suficientes para todos.

Laura Hoffmann, supervisora de los Defensores especiales designados por el tribunal

Los voluntarios de los Defensores para los niños a menudo me buscan a los pocos meses de estar en un caso para decirme, en un tono algo avergonzado, que sienten que no están haciendo lo suficiente, que los niños en sus casos no van bien y que es difícil saber cómo ayudarlos. Esto es muy difícil para mí como coordinadora, ya que desearía que el voluntario se viera a sí mismo a través de mis ojos.

Lo que quiero que los voluntarios sepan es que nuestra función está bien definida cuando existe un problema terrible que necesita ser resuelto. Cuando ese niño rebota de hogar en hogar, es muy claro cómo puede ayudar un defensor. Cuando el niño está reprobando en la escuela, portándose mal durante las visitas parentales o lesionándose él mismo, los defensores se impulsan para satisfacer esa necesidad, para entender y resolver el problema. Cuando algo no está bien y el voluntario no puede comprender porqué, nuestros voluntarios van al fondo del asunto y pueden señalar fácilmente los hallazgos y soluciones posteriores gracias a un trabajo que ya realizaron.

Nuestros casos a menudo van extraordinariamente bien cuando, por ejemplo, los niños tienen parientes que quieren criarlos. O cuando son colocados en hogares adoptivos que valoran la importancia de mantener los lazos familiares y quieren brindarles a esos niños las mejores experiencias y recursos. O cuando los padres biológicos captan el mensaje fuerte y claro y hacen cambios drásticos y duraderos para bien. Durante esos momentos, nuestro papel naturalmente pasa más a un segundo plano, a ser un adulto positivo y solidario a quien le preocupan los niños. Honestamente, este es el mejor desenlace que podemos esperar. Cuando esas situaciones maravillosas no son posibles o fracasan, son nuestros defensores quienes rápidamente encuentran la forma en la que necesitan trabajar luchando mucho por los niños.

Tessa Holme, supervisora de los Defensores especiales designados por el tribunal

Cuando le digo a las personas a qué me dedico, la mayoría pregunta algo así como «¿Cómo puedes leer todo el día sobre abuso infantil?». Muchas personas consideran que quienes trabajamos en esto somos personas valientes y únicas. Sin embargo, al supervisar a estos maravillosos voluntarios, ver cómo se involucran y lo apasionados que están con estos niños, le digo a las personas que los voluntarios son las verdaderas personas valientes y únicas.

Durante el año que he estado aquí, he tenido la increíble oportunidad de ver a estos voluntarios entrar por la puerta, realmente emocionados de comenzar su trabajo para cambiar la vida de un niño y ser su voz. Por supuesto, todos están realmente nerviosos por comenzar su primer caso, pero como supervisores lo que tratamos de transmitirles es que los niños con los que estarán pasando el tiempo son precisamente eso: niños. Estos niños efectivamente han sufrido muchos traumas, pero ellos *no* son sus traumas. Ellos son como cualquier otro niño en el área de juegos y quieren ser tratados como tal.

Puedo decir que todos mis defensores aprendieron a ver a los niños en sus casos simplemente como otro niño divertido con quien van a pasar el tiempo, jugar y también serán su voz. Para los supervisores y para los defensores estos niños no son malos, ellos no son sus traumas y son iguales a tu hijo o al mío. Me encanta ver a mis defensores apasionados con sus niños y que realmente luchen por ellos. Ver a mis voluntarios hacer esto eleva mi fe en la humanidad, especialmente en un trabajo donde es tan fácil perder esa fe.

Kristin Kunz Martin, supervisora de los Defensores especiales designados por el tribunal

Después de que se cierra un caso, la única cosa que nunca me cansaré de escuchar es a un voluntario de los Defensores para los niños diciendo, «Creo que obtuve más de toda esta experiencia que lo que obtuvo el niño». Me encanta escuchar que expresen ese sentimiento debido a esto: El regalo que estos voluntarios ofrecen cuando comprometen su compasión, atención y voz con un niño es mayor que cualquier regalo que probablemente estos niños hayan recibido en toda su vida. También sé que cualquier persona que sea desinteresada, de buen corazón y lo suficientemente humilde para decir que obtuvo la mejor parte de esta vivencia es una bendición para cualquiera lo suficientemente afortunado de haberse cruzado en su camino. Estos son nuestros voluntarios defensores.

Me sorprende enormemente una y otra vez la magnitud de la devoción que los voluntarios defensores tienen por los niños. Conozco voluntarios que manejan más de cien kilómetros de ida, una vez a la semana, para hacerle saber a un niño solitario que alguien se preocupa por él. Conozco defensores que dejan de lado alguna incomodidad vergonzosa, debido a que una niña necesita una lección de vida y no tiene a nadie más que se la enseñe. Una y otra vez los defensores le dicen a un niño, «Ahí estaré», sin importar las circunstancias. Los voluntarios soportan que se les parta el corazón después a cambio de poder ver a los niños vivir sus esperanzas y sueños, y regocijarse con cada uno de los éxitos de los niños. Más que nada, cada defensor abre su corazón a un niño que de otra forma podría andar por la vida solo.

Los voluntarios defensores iluminan las vidas de aquellos que los rodean. Al final de un largo día, me puedo sentar y sonreír. ¿Por qué? Pues porque, a pesar de lo que los voluntarios pueden decir acerca de quién está obteniendo más de sus experiencias, sé que soy quien se sacó la lotería, ya que ¡yo trabajo con los voluntarios de los Defensores para los niños!

www.ingramcontent.com/pod-product-compliance
Lightning Source LLC
La Vergne TN
LVHW010103110826
845155LV00028B/461